새로운 피조물

한상헌

새로운피조물

발행일	2020년 11월 06일
지은이	한상헌
펴낸이	변지숙
교정	이현혜
펴낸곳	도서출판 아우룸
주소	서울특별시 마포구 동교로 156-13 동보빌딩
이메일	aurumbook@naver.com
전화	02-383-9997
팩스	02-383-9996

홈페이지 www.aurumbook.co.kr
블로그 blog.naver.com/aurumstory

ISBN 979-11-91184-03-7

이 도서의 국립중앙도서관 출판예정도서목록(CIP)은 서지정보유통지원시스템 홈페이지(http://seoji.nl.go.kr)와 국가자료종합목록 구축시스템(http://kolis-net.nl.go.kr)에서 이용하실 수 있습니다. (CIP제어번호 : CIP2020042413)

이 책은 저작권법에 의해 보호를 받는 저작물이므로 무단 전재와 복제를 금합니다.
잘못된 도서는 구입한 곳에서 교환해드립니다.

새로운 피조물

한상헌

차 례

프롤로그 7

새로운 피조물 9

마치 밭에 숨겨진 보화와 같으니 11

새로 지으심을 받은 자 15

계시될 믿음 39

누구든지 그리스도 안에 있으면 60

맏아들 97

사망에 이르는 죄 131

회개에 합당한 열매 181

에필로그 200

프롤로그

사람이 세상을 살아가는 일을 그림으로 비유한다면 도화지 위에는 자신의 삶이 그려져 있다. 본인이 그린 그림이다. 완벽한 그림을 그린 사람은 없다. 후회스럽거나 부끄러운 삶이 남아 있다. 하늘은 그런 삶을 받아 주지 않는다. 새롭게 다시 시작할 수 있다면 다행한 일이다. 새하얀 도화지가 주어지고 새로운 그림을 그리며 살 수 있다면 무슨 수고라도 마다하지 않을 수 있다. 자신을 살피며 돌아보는 사람이라면 그렇다.

지난날의 더러움이 발목을 잡는다. 자신의 죄를 인식하지 못하거나 부인한다 해서 선한 사람이 되는 것도 아니다. 하나님께서는 마음 깊숙하게 숨겨진 기억을 들추어내신다. 종교인이라 해서 그저 하늘나라에 이르는 길이 열려 있는 것도 아니다. 간절한 마음으로 찾는 이에게만 길이 열린다.

하늘을 바라보면 자신을 돌아보는 계기가 된다. 자신의 소신대로 산 것이 과연 옳은 처신인지 생각하는 기회가 된다. 죄는 누구나 가지고 있다. 하나님께 지은 죄는 더욱 크다. 죄를 용서하는 권세는 예수께서 가지고 계신다. 죄 사함을 위한 약속은 모두 살아 움직인다. 새롭게 사는 사람이 갖는 마음의 평화는 하늘에서 온다.

이 책은 실제적인 내용이다. 변화를 받은 내용이다. 성경을 찾아 정리하고 가르친 내용이다. 예수를 통해 나타난 사실들이다. 성경은 모든 사람과 세대를 증거한다. 누구에게나 도움을 준다. 그래서 성경으로 충분히 설명할 수 있다. 성경에 대한 선입견을 버리고 읽는다면 당연한 이야기이다. 자신이 가는 길을 돌아볼 수도 있고 새로운 길을 발견할 수도 있다. 자신에게 충실한 것은 좋은 원동력이다.

이 책은 차례대로 읽도록 쓰였다. 성경 용어나 내용을 이해하는 일은 자신을 위한 열심으로 충분히 극복할 수 있다. 좋은 결실은 노력을 요구한다. 처음부터 끝까지 자세히 읽기를 부탁한다.

하나님께서 도우실 것이다.

새로운 피조물

새로운 피조물은 일반적으로 생소한 단어이다.

우선 피조물이라는 단어에 붙어있는 '피(被, 입을 피)'라는 문자가 복잡하다. '옷을 입다'인데 부수적인 뜻이 더 많다. '영향이나 작용 따위가 대상에 가하여지다'라는 풀이에서부터 '도와주어서 혜택을 받게 하다'는 풀이도 있다. 이 외에 '받아 가지다'도 있다. '피(被)'는 대상이 필요한 문자이다.

'피'와 '조물'의 합성어 '피조물'에서 조물(造物, 지을 조, 물건 물)의 뜻이 독특하다. '조물주가 만든 온갖 물건'이라는 풀이가 있는데 이 책에서 하고자 하는 내용과 다르다. 이 책은 물건이 아닌 사람을 대상으로 한다. 사람은 '온갖 물건' 중의 하나는 아니다. 그리고 피조물(被造物)의 풀이 중에 '삼라만상을 이른다'도 있다. 그 뜻대로라면 대상이 '우주에 있는 온갖 사물과 현상'이다. 대상 자체가 우주에 있는 온갖 사물이라 해도 과도한데 그 현상까지 포함하면 한계를 벗어난다.

'새로운'이라는 단어와 '피조물'이라는 단어의 조합도 일반적이지는 않다. '새로운(신선한, 보기 드문)'이라는 어떤 상태의 기준을 가지고 '만들어진 온갖 물건'에 적용해야 하는지 모호하다.

'새로운 피조물'이라는 표현이 주는 의미는 범상치 않다. 이 표현에는 많은 내용이 포함되어 있다.

더욱이나 '조물'은 예외 없이 근원(根源)을 가지는 특성이 있다. 이 차원에는 절대적인 힘이 존재한다. '근원을 가지는 피조물'이라는 차원에서 사람은 '온갖 물건 중의 하나'가 아닌 '절대적인 근원과 연결된 나 자신'이다. 그리고 '새로운'이라는 차원도 실제적이어야 한다.

피조물을 사람 중심으로 연결하면 '피(被, 입을 피)'라는 단어가 나를 대상으로 삼게 된다. 내가 '혜택을 받아서 갖거나 영향을 받는' 대상이 된다.

전반적인 의미로 '새로운 피조물'은 '혜택이나 영향을 받아서 새로운 나 자신'이다.

마치 밭에 숨겨진 보화와 같으니

글을 읽다 보면 생각하게 만드는 문장을 발견하게 된다. 새로운 내용이거나 독특한 표현일 수도 있고 되새겨 볼 의미를 가지고 있을 수도 있다. 비유의 경우는 좀 더 주의를 기울여야 한다. 숨겨진 내용이 있고 흐름도 이해해야만 하기 때문이다. 단어는 본 의미를 바탕으로 전하려 하는 내면을 파악해야 한다.

'밭에 숨겨진 보화'는 비유이다.

> 천국은 마치 밭에 감추인 보화와 같으니 사람이 이를 발견한 후 숨겨두고 기뻐하여 돌아가서 자기의 소유를 다 팔아 그 밭을 샀느니라
> (마 13:44)

보화는 무엇이며 왜 감춰져 있는지. 밭은 대체 어디를 가리켜 하는 말인지. 얼마나 소중하면 자기 소유를 다 팔아 사는지. 사람마다 가진 정도가 다른데 과연 누구는 더 주고 누구는 적게 주어도 되는지. 겉으로 보이는 과정보다는 사려고 하는 동기 자체를 높이 인정해준다는 의미인지.

우선 이 구절의 실마리는 '천국은 마치'이다. 하늘나라를 비유했다면 전체적인 면에서 수긍이 된다. 소유를 다 팔아서라도 하늘나라에 가고 싶으냐고 질문을 던진다. 어떤 빛이 비춰 밝아질 것 같은 기대를 준다. 무엇을 우선으로

살아야 하는지 마음을 잡아끄는 힘을 가지고 다가온다. 겨우 땅이나 사고 파는 일이 아니라는 것이 다행스럽다.

앞뒤에 있는 문장을 함께 읽어 보면 이해를 제대로 도와준다. '숨겨진 보화'에 이어지는 내용을 읽어 보자.

> 또 천국은 마치 좋은 진주를 구하는 장사와 같으니 극히 값진 진주 하나를 만나매 가서 자기의 소유를 다 팔아 그 진주를 샀느니라
> (마 13:45, 46)

여기서 진주는 보석을 뜻하지 않는다. 왜냐하면 보석류나 귀금속은 좋아하는 사람도 있고 무관심한 사람도 있다. 사치를 멀리하는 사람은 패물로 치장하는 생활을 싫어한다.

진주는 가치를 말한다. 마음속에 잠재하는 값진 추구를 자극하려는 의도이다. 무엇이 '마음을 다해'[마 22:37, 눅 8:15, 10:27, 신 4:29] 구하고 두드리고 찾아야[마 7:7, 8, 눅 11:9, 10] 하는 생활인지를 일깨워 주려 한다. '두드린다'는 표현이 기회를 찾는 일에 사용되는데 원래는 하늘나라에 연결되어 있는 말이다. 사회적으로 사용되면 확률이 매우 낮은 조언이다. 기회는 공평하게 주어지지 않는다. 소수만 얻고 다수는 얻지 못한다. 한마디의 조언이나 격언이 위력을 발하려면 결과가 절대적이어야 한다. 보장된 가치를 가지고 있어야 한다.

천국을 비유하는 구절을 읽으며 '찾아보고' 싶은 생각이 든다면 보장된 삶

이 기다리고 있다. 대단한 변화를 기대해도 된다. 글의 어느 한 문장에 감동을 받아 인생의 대변환을 맞이한 예가 얼마나 많은가. 확실한 가치를 지닌 한 줄의 문장은 위력을 발휘한다. 생각하며 성경을 읽는다면 그 속에는 진주와 같은 문장이 가득하다.

세상은 요일 2:17 잠깐 있다가 없어지는 안개와 같다. 약 4:14, 사 38:12, 시 89:47, 욥 7:6, 호 13:3 수고하며 살아야 하고 슬픔이 있다. 시 90:10, 전 2:23 재물에 모든 것을 의지할 수도 없다. 잠 11:4, 28, 22:1, 23:5, 27:24, 전 5:13, 딤전 6:17, 눅 12:21 병드는 일이 있고 전 5:17, 창 48:1, 사 38:1 스스로 당해 내야 한다. 욥 3:25, 왕하 5:1, 대하 32:24, 전 5:17, 요 5:3 죽어서 흙으로 돌아가야 한다. 창 3:19, 시 146:4, 전 3:20, 6:6 세상 물건을 다 쓰고 떠나는 것도 아니다. 고전 7:31, 전 4:8 세상에 아무것도 가지고 온 것이 없으니 아무것도 가지고 가지 못한다. 딤전 6:7, 전 5:15 세상은 허무하다. 시 94:11, 144:4, 전 1:2-14, 2:17

모래 위에 집을 짓는 일은 어리석은 일이다. 마 7:26 돈도 섬기고 하나님도 섬기는 믿음은 없다. 마 6:24, 눅 12:15-21, 16:13, 약 5:2, 딤전 6:10, 히 13:5 '주여 주여' 한다 해서 천국에 가는 것도 아니고 지도자 노릇 한다 해도 하나님 나라를 보장하지 않는다. 마 7:22, 23 '부르심(청함)을 입은 자는 많으나 택함을 입은 자는 적다'. 마 22:14 '먼저 된 자로 나중 되고 나중 된 자로 먼저 될 자가 많다'. 마 19:30, 20:16 깨어 있지 않으면 문이 닫힌 후에 두드려 봐야 소용이 없다. 눅 13:25-27, 마 25:1-13, 눅 12:35-40 의심하는 자는 믿음이 마치 바람에 밀려 흔들리는 바다 물결 같다. 약 1:6 온전히 이루지 못한 자는 마음속에 두려움이 있다. 요일 4:18 준비되어 있지 않으면 마 25:1-13 심히 무너지는 일이 임한다. 눅 21:34-36, 마 7:27

부끄럽지 않은 삶도 있다.시 31:1, 34:5, 롬 10:11, 5:5, 벧전 2:6 사람은 할 수 없지만 하나님께서는 다 하실 수 있다.마 19:26, 욥 42:2 명백한 약속을 찾으면 확신하며 살 수 있다.행 17:11, 12, 롬 1:2, 엡 2:11-19, 딛 1:2

하나님 나라는 벧후 1:11, 시 145:13, 단 2:44, 단 7:18 하나님의 뜻대로 행하는 사람만 들어간다.마 7:21 쟁기를 잡고 뒤를 돌아보는 자는 합당치 않다.눅 9:62 밭에는 보화가 숨겨 있고 집중해서 땅을 파야 한다. 성경이라는 밭에 있는 어느 한 구절이 보화처럼 기다리고 있다. 마음을 다해 한 줄 한 줄 파면 누구든지 캐낼 수 있다. 발견한 사람은 그 밭이 자기의 모든 소유로 바뀌게 된다. 하나로 말미암아 전체가 소중해진다. 뒤돌아보지 않는 사람만 찾을 수 있다.

새로 지으심을 받은 자

바울 얘기를 해보려 한다.

소개하고 싶은 사람은 많이 있다. 자기 자신을 보지 못하고 살다가 이전과 달리 사는 사람들이다. 사는 게 다 그런 줄 알고 살다가 지금까지 알지 못하던 생생하고 상쾌한 선을 넘어선 이야기를 가지고 있다. 누구든지 소중하지만 바울이 겪은 깊이와 감동을 전해 무언가 달라지기를 바라는 이들에게 도움이 되었으면 좋겠다. 그는 이방 사람에게 예수를 전파한 유대인이다. 유대인은 예수도 기피하고 이방 사람도 기피한다. 바울도 태어날 때부터 습득한 유대인의 학문과 종교적 관습으로 살다가 예수라는 빛을 만난다. 그가 들어선 터는 그동안 쌓은 지식의 귀결이 예수인 고상한 공간이다. 유대인이나 이방인에게 차등이 없는 본질을 가지고 있다. 바울은 살아있는 지식으로 논리 정연하게 이 교리를 전파했다. 예루살렘에서부터 출발해서 중동 지역, 소아시아 그리고 유럽 지역에 이르기까지 언어도 다르고 문화도 다른 여러 민족에게 설득력 있게 설명했다. 많은 나라의 사람들이 그의 가르침을 받아들였다.

많은 글로도 가르쳤는데 '새로 지으심을 받은 자'라는 표현이 그의 글에 나타난다. 그가 기록한 내용에는 습관대로 살던 모습에서 벗어난 세세한 내용이 깊이 있게 자리를 잡고 있다. 그의 가르침이나 글은 그의 살아있는 간증이다.

사울이라는 바울

바울의 원래 이름은 사울이다. 스데반이라는 사람을 돌로 쳐 죽일 때 앞장 선 청년으로 나온다.행 7:58, 8:1, 행 22:20 스데반은 은혜와 권능이 충만한 제자였는데 거짓 증인들에 의해 공회에 넘겨졌다.행 6:7-15 공회에서 증거하던 스데반이 '예수께서 하나님 우편에 서신 것을 본다'고 말하자 그들은 스데반을 돌로 쳐서 죽인다.행 7:55-60 사울은 스데반을 죽이는 것이 당연하다고 했고 그리스도를 쫓는 무리를 위협하고 핍박하고 잡아들였다.행 8:1, 3, 9:1, 2, 22:4, 5, 19, 26:9-12

사울의 배경은 대단하다. 로마 시민이었다. 당시의 로마 시민은 로마군도 두려워하는 대상이었다. 돈을 많이 들여 로마 시민권을 사던 시절이다. 그는 날 때부터 로마 시민권을 가진 사람이었다.행 16:37-40, 22:25-29

사울은 유대인의 혈통에서도 최상류층이다. 유대교의 가장 엄한 파인 바리새인이다.행 26:5 이스라엘 열두 지파 중에 뚜렷이 혈통을 유지한 베냐민 지파로 율법의 의로도 흠이 없던 자이다.빌 3:5, 6, 롬 11:1 최고의 학벌도 가지고 있다. 가말리엘의 문하에서 교육받았다. 가말리엘은 교법사로 모든 백성에게 존경받던 자이고 최고 권력기관 공회에서 영향력이 막대한 공회원이기도 했다.행 22:3, 행 5:34-41

사울은 대제사장으로부터 공문을 청해서 받을 수 있는 위치에 있었다. 누구든지 그리스도를 따르는 무리를 만나면 결박해서 예루살렘으로 잡아 오려고 공문을 받아 냈다. 남의 나라인 시리아 땅까지 가서 사람들을 잡아들이려고 사람들과 다메섹(Damascus 다마스커스)에 갔다. 그런데 사울이 다메섹에서 사람이 달라진다.

사울이 '예수가 그리스도'라고 전파하기 시작한다.행 9:20, 21 사람들은 그가 예수 이름을 부르는 무리를 모질게 대하던 자가 아니냐 하면서 놀란다.행 9:1, 2, 21, 22:5, 26:10 사울은 오히려 힘을 다하여 예수가 하나님의 아들이라고 자세히 설명하고 밝힌다. 사람들이 그의 논리 있는 설명에 손을 들고 그의 말에 지고 만다.행 9:22, 13:27-29

사울이라는 이름은 소아시아에 있던 안디옥 교회에 있을 때까지 쓰인다. 안디옥 교회에서 따로 세워 바나바와 함께 전도하러 떠나게 되는데 지중해 동북부에 있는 섬 바보(Paphos)에 이르렀을 때 이름이 바뀐다. '바울이라고 하는 사울이'행 13:9 하면서 이름이 바뀐다. 특별한 설명은 없다. 이름이 바뀌었다 해서 하나님의 새사람으로 다시 태어났다는 증표는 아니다. 사울이라는 이름이 그가 예수의 제자로 살면서도행 9:20, 11:25, 26 한동안 쓰인 것을행 13:7 보아서도 알 수 있다. 예수를 따르는 제자들은 거의 모두 다 본명으로 불리운다. 베드로눅 6:14, 막 3:16, 요 1:42 그리고 야고보와 요한의 이름이 바뀌기는막 3:17 하였지만 성령이 임하기행 2:3, 4 전의 일이다. 야고보와 요한에게 주신 이름 보아너게는 이후 한 번도 쓰인 적이 없다. 물론 바울이라는 이름은 세상을 떠날 때까지 계속된다.딤후 1:1, 4:6,7 결코 사울로 되돌아가지 않았다.

바울아 네가 미쳤도다

바울은 나중에 헤롯 왕의 후손으로 유대 지역을 다스리던 아그립바 왕^{행 25:13} 앞에서도 그리스도께서 다시 살아나셨다고 설명하다가 옆에 있던 로마 총독 베스도에게^{행 25:23, 24:27} 미쳤다는 소리를 듣는다. 바울이 유대인의 모든 풍속과 문제를 잘 아는 아그립바 왕에게 자신의 지내온 얘기를 자세히 한다. 자기도 나사렛 예수를 대적해야 하는 줄 알았다. 그러나 성도를 가두려고 다메섹에 가다가 예수께서 하시는 말씀을 들었다. 알고 보니 예수는 선지자들과 모세가 말한 분이시더라. 그리스도로서 고난을 받으셨고 부활하셨다. 이렇게 얘기했다.^{행 25:23, 26:3-23} 그 자리에 있던 베스도가 "바울아 네가 미쳤도다 네 많은 학문이 너를 미치게 한다"고^{행 26:24} 소리를 지른다.

그리스도를 위해 사는 사람이라면 누구나 들을 수 있는 소리이다. 사실은 정신 차린 말을 하며 사는데 듣는 소리이다. 바울은 '나는 정신 차린 말을 하나이다'고 답한다. 이 일이 어디 한 편 구석에서 일어난 일이 아니라는 것이다. 이어서 말한다. 선지자를 믿는다면 모든 사람이 자기와 같이 되기를 하나님께 바란다고 말한다.^{행 26:25-29}

바울은 이전에 고린도 교회에 편지하면서 '그리스도를 믿는 자들이 미쳤다 해도 하나님을 위한 것'이라고 말한 적이 있다.

우리가 만일 미쳤어도 하나님을 위한 것이요 만일 정신이 온전하여도 너희를 위한 것이니 그리스도의 사랑이 우리를 강권하시는도다 우리가 생각건대 한 사람이 모든 사람을 대신하여 죽은즉 모든 사람이 죽은 것이라 저가 모든 사람을 대신하여 죽으심은 산 자들로 하여금 다시는 저희 사신을 위하여 살지 않고 오직 저희를 대신하여 죽었다가 다시 사신 자를 위하여 살게 하려 함이니라 그러므로 우리가 이제부터는 아무 사람도 육체대로 알지 아니하노라 비록 우리가 그리스도도 육체대로 알았으나 이제부터는 이같이 알지 아니하노라 (고후 5:13-16)

자신의 죄를 위해 죽으시고 살려주신 그리스도를롬 5:6, 8, 고전 15:3, 엡 2:5, 골 3:1 위해 미쳐서 사는 것은 오히려 그에게 당연한 일이다.

바울은 그리스도를 위해 전심을 다했다.고전 9:23, 딤후 4:7, 고후 11:22-33 오직 그리스도 한 분을 위해 후회 없이 일생을 살았다.롬 11:29, 고후 7:10 진리를 모르고 고생하며 살던 과거가 있기 때문이다. 추상적인 진리는 애매하다. 피상적이고 실체가 없어 실제 생활에 적용하기가 어렵다. 전적으로 따르며 살 가치를 찾을 수가 없고 의심이 생기고 후회가 따라온다. 고행을 통해서 얻을 수 있을지 확실치도 않다. 흡족한 마음은 잠시이고 늘 부족한 상태로 머물러 있다. 진리는 예수이시다.요 14:6 죄에서 벗어난 자유가 있고 요 8:32 목숨을 다해 섬겨도 아깝지 않다.빌 2:30

자기 앞에 계신 진리를 보고서 찾지 못한 사람도 있다.살후 2:10 빌라도는 예수께 진리가 무엇이냐 말하고는 일어나 밖으로 나간다.요 18:38 그런 사람이 미친 사람이다. 예수께 미친 사람은 정신 차린 사람이다.

네게 고생이니라

바울은 전에 자신의 일을 성취하는 열심으로만 살았다.행 9:1, 2 그러나 마음에 어려움이 있었다. 뒤에서 자기를 치는 어떤 힘이 있음을 알았다. 자신이 감당할 수 없어 물리칠 길이 없었다. 겉으로는 여전했지만행 9:1 괴로운 느낌을 받는 아픈 마음을 가지고 있었다.

예수께서 그에게 나타나신다.

다메섹에 가까이 왔을 때 갑자기 하늘에서 빛이 비추고 모두 땅에 엎드러지게 된다.행 9:2, 4, 22:5, 7, 26: 12-14 바울은 땅에 엎드러진 상태에서 자기의 이름을 부르는 소리를 듣는다.

> 우리가 다 땅에 엎드러지매 내가 소리를 들으니 히브리 방언으로 이르되 사울아 사울아 네가 어찌하여 나를 핍박하느냐 가시채를 뒷발질하기가 네게 고생이니라 내가 대답하되 주여 뉘시니이까 주께서 가라사대 나는 네가 핍박하는 예수라 (행 26:14, 15)

바울은 예수의 이름을 대적하는 것이 당연한 줄로 생각하며 살아왔다.행 22:3.

26:4, 9 자신이 태어난 민족의 관습과 종교를 따라 산 것이다. 사람이 자신의 환경을 벗어나지 못하고 살면서 하는 실수이다. 사물을 보는 관점이 경직되어 있다. 종교는 더욱이나 맹목적이다.행 14:11-18, 롬 10:2, 살전 2:15 종교는 수없이 변형되어 와서 본래의 취지와 다르게 변질되었는데도 사람들은 정통을 따르는 줄 알고 따라다닌다. 믿음을 내세워 많은 헌금을 강조하고 조직과 운영이 상업화되어 타락했는데도 공허하게 열심을 낸다. 마음속에 확신이 없어 시간이 흐를수록 부담을 느끼면서도 노력이 부족한 줄로 생각한다.

하나님을 경외하는 것이 지식의 근본이다.잠 1:7, 9:10, 욥 28:28, 시 111:10, 전 12:13 하나님을 아는 지식은 하나님을 두려워함에서 시작된다. 눈을 들어 광활한 하늘을 보면 먼지에 불과한 자신을 볼 수 있다.창 3:19, 시 103:14, 104:29, 전 3:20, 욥 34:15 자신이 얼마나 갇혀 살고 있는지 알 수 있다. 하늘을 나는 새가 자신보다 훨씬 자유로움을 느낄 수 있다. 펼쳐진 자연을 바라보면 위대하신 하나님의 능력을 볼 수 있다. 사람의 노력에 한계가 있음을 알 수 있다. 들의 백합화 하나까지도 자연스럽게 살고 있는데마 6:26, 28-30 자신은 홀로 서 있음을 알 수 있다.

죄에 갇혀 살던 바울은딤전 1:15 자기 뒤에 가시채가 있음을 알았다.행 9:5(KJV), 26:14 가시채는 '따끔하게 찌르는고전 15:55, 56, 계 9:10 막대기 혹은 채찍'이다. 찌르는 채찍은전 12:11 자극을 주는 충고를 하거나 책망하거나 권고함을 의미한다.전 12:12

기세 등등하게 예수의 제자들을 잡아와 옥에 가두고 있지만행 8:3, 9:1, 2 마음

속에 고생이 있었다. 사람들은 자기 마음 깊숙한 곳에서 들리는 소리 때문에 어렵고 힘들게 산다. 피할 수 없다는 것도 안다. 그럼에도 불구하고 불안한 생활을 계속한다. 모순이다. 마음 속 깊은 곳에서 들리는 소리에 답해야 한다.

주여 뉘시오니이까

바울은 '주여 뉘시오니까?'라고 여쭤본다. 사도행전 9장 6절 영어성경(NKJV)에는 바울이 '떨고(trembling) 놀라며(astonished) 말했다'라고 기록되어 있다. 바울이 두려울 수밖에 없었던 것은 예수께서 그의 아픈 곳을 찌르셨기 때문이다.^{행 9:4, 22:7, 26:14} '나는 네가 핍박하는 나사렛 예수라'고^{행 22:8, 9:5, 행 26:15, 16} 하시며 바로 앞에 나타나셨는데 바울은 나사렛 예수를 알고 있기도 하고 그의 이름을 부르는 사람들을 핍박한 사실도 있다. 예수께서는 칼이 마음을 찌르듯 사람의 생각을 드러내신다.^{눅 2:34, 35}

마음에 숨기는 일을 드러내시는 일은 사마리아 지역 수가라는 동네에 사는 여자에게 하신 말씀에서도 알 수 있다. 평소에 다니시던 행로가 아닌 사마리아로 가서서 물 긷는 시간이 아닌데 우물에 나온 여자를 부르신다. 예수께서 '네 남편을 불러오라'고 하시자 여자는 '나는 남편이 없나이다'라고 대답한다. 예수께서는 '네가 남편이 다섯이 있었으나 지금 있는 자는 네 남편이 아니다' 라고 말씀하신다. 얼마나 부끄러운 일인가. 이 여자가 숨기며 살아온 생활이다. 예수께서는 지금까지 제대로 알지 못하면서 예배하며 산 것도 지적하셨다. 여자는 이제서야 하나님께서 신령과 진정으로 예배할 자를 찾으신다는 것과 예수께서 그리스도(메시야)이심을 알게 되었다. 물동이를 놔두고 동네에 들어가서 사람들에게 그리스도를 전했다. 요 4:1-42

이 여자의 잘못한 행위가 예수께 드러나서 오히려 빛이 되었다. 악한 행위가 드러나면 빛이 된다. 현명한 사람은 어두움에서 나와 빛으로 온다. 미련한 사람은 자기의 나쁜 행위를 숨기려고 어두움 속에 숨어 산다. 요 3:19, 20, 21

바울은 자신이 지은 죄로 인해 괴롭다. 스스로 옳다고 한 일이 하나님께 죄를 범한 것이다. 요 16:2, 3 하나님께서는 사람이 행한 행위가 옳고 그름을 가려내신다. 전 12:14, 고후 5:10, 계 20:12, 롬 14:12, 벧전 4:5 예수께서는 바울이 행한 행위를 드러내시려고 빛으로 나타나셨다. 행 9:3, 22:6, 26:13

바울은 '네가 왜 나를 핍박하느냐' 물으시는 예수께 답을 하지 못한다. 사람들은 설명하지도 못하면서 관습적인 행동을 습관적으로 반복한다. 도대체 왜 그런지 따져 보지도 않고 예수를 무시하며 사는 삶은 하나님께 죄를 짓고 사는 것이다.

다행히도 바울은 자신이 어떻게 행하여야 하는지를 예수께 여쭤봤다.

> 내가 가로되 주여 무엇을 하리이까 주께서 가라사대 일어나 다메섹으로 들어가라 정한 바 너의 모든 행할 것을 거기서 누가 이르리라 하시거늘 (행 22:10)

바울이 예수께 '주여 제가 무엇을 하기를 원하시나이까' 여쭤본 내용은 영어 성경 사도행전 9장 6절에도 있다.

> 그가 떨며 놀라서 말하기를 "주여, 제가 무엇을 하기를 원하시나이까?" 라고 하니, 주께서 그에게 말씀하시기를 "일어나서 성읍으로 들어가라. 그러면 네가 행할 일을 말해 줄 자가 있을 것이라."고 하시더라(So he, trembling and astonished, said, "Lord, what do You want me to do?" Then the Lord said to him, "Arise and go into the city, and you will be told what you must do.") (NKJV 행 9:6)

예수께 '무엇을 하기를 원하시는지' 여쭤본 질문은 대단히 중요하다. 길을 잃은 사람을 돌보아 주는 안내자는 예수이시기 때문이다.벧전 2:25 성경대로 표현한다면, 길을 잃지 않은 사람은 곤란하다. 왜냐하면 도움을 받을 일이 없기 때문이다. 마 18:12, 13, 눅 15:3-6 반면에 길을 잃은 사람은 도움을 받을 수 있다.마 10:6, 15:24 바울처럼 예수께 무엇을 해야 하는지 여쭤보면 길을 찾게 된다. 길을 찾으면 그 자체가 진리요 생명이다.요 14:6 태초부터 계신 말씀이잠 8:22-31 육신이 되어 오신 분이 예수이시다. 요 1:1-18 성경 전체가 그 분의 말씀이다.요 20:30, 31, 눅 24:27, 44 예수께서 이르신 말씀요 1:1, 요일 1:1, 2:14 을 따르면 된다. 예수를 인정하고 의지하면 된다.마 10:32, 눅 12:8, 요일 4:15 예수께 잘못한 일이 있어도 괜찮다.

> 누구든지 사람 앞에서 나를 시인하면 나도 하늘에 계신 내 아버지 앞에서 저를 시인할 것이요 (마 10:32)

시인(是認)은 거부하지 않고 인정하는 것이다. 자신의 마음을 드러내어 말하는 것이다. 예수를 인정하는 마음에서 믿음은 시작된다.^{롬 10:10} 믿음은 예수께서 이르신 말씀을 신뢰한다.

> 예수의 말씀을 인하여 믿는 자가 더욱 많아 그 여자에게 말하되 이제 우리가 믿는 것은 네 말을 인함이 아니니 이는 우리가 친히 듣고 그가 참으로 세상의 구주신 줄 앎이니라 하였더라 (요 4:41,42)

> 예수께서 가라사대 가라 네 아들이 살았다 하신대 그 사람이 예수의 하신 말씀을 믿고 가더니 내려가는 길에서 그 종들이 오다가 만나서 아이가 살았다 하거늘 그 낫기 시작한 때를 물은즉 어제 제 칠시에 열기가 떨어졌나이다 하는지라 아비가 예수께서 네 아들이 살았다 말씀하신 그 때인 줄 알고 자기와 그 온 집안이 다 믿으니라 (요 4:50-53)

예수께서는 바울에게 일어나 성으로 들어가면 어떻게 해야 할지 말해 줄 사람이 있다고 말씀하신다.^{행 9:6, 22:10}

바울은 이제 예수께서 어떤 분이신지 알고 이르시는 말씀대로 따라가기 시작한다.

눈은 떴으나 아무것도 보지 못하고

그러나 바울은 볼 수가 없다. 땅에 엎드려져^{행 9:4, 22:7} 광채로 인하여 볼 수 없게 되었다. 눈은 떴으나 아무것도 보지 못한다.

> 나는 그 빛의 광채를 인하여 볼 수 없게 되었으므로 나와 함께 있는 사람들의 손에 끌려 다메섹에 들어갔노라 (행 22:11)

> 사울이 땅에서 일어나 눈은 떴으나 아무 것도 보지 못하고 사람의 손에 끌려 다메섹으로 들어가서 (행 9:8)

보지 못하는 것은 하나님께 죄를 지은 사람의 모습이다.

> 내가 사람들에게 고난을 내려 소경 같이 행하게 하리니 이는 그들이 나 여호와께 범죄하였음이라 또 그들의 피는 흘리워서 티끌 같이 되며 그들의 살은 분토 같이 될지라 (습 1:17)

> 저희가 거리에서 소경 같이 방황함이여 그 옷이 피에 더러웠으므로 사람이 만질 수 없도다 (애 4:14)

소경은 단순히 눈이 먼 상태가 아니다. '눈이 멀었다'가 육체와 관련되기만 한 말은 아니다. 어떤 일에 마음을 빼앗겨 이성을 잃었다. 욕심에 취해 물불을 가리지 않는다. 무엇에 현혹되어 있다. 주위의 권고를 무조건 거부한다. 막대한 손해를 계산하지 못하고 작은 이익에 집착한다. 주변의 관계도 무시하고 사람의 체면도 생각하지 않는다. 옳고 그른 것을 판단할 능력이 없다. 이런 행동을 하는 사람을 '눈이 멀었다'고 표현하기도 한다.

'보지 못한다'도 마찬가지다. 의미를 바르게 파악하지 못한다. 다가올 일을 예견하지 못한다. 가치를 제대로 평가하지 못한다. 멀리 떨어져 있다. 무식하다, 능력이 없다는 뜻으로도 쓰인다.

이외에도 보는 것과 연관된 관용적인 말이 여럿 있다. 눈앞의 일에만 사로잡혀 앞날의 일을 짐작하는 지혜가 없음을 비유적으로 이르는 '근시안'이 있다. 얕은 수로 남을 속이려 한다는 '눈 가리고 아웅 하지 마라'도 있다. 뻔한 것을 잘못 보고 있을 때 비난조로 이르는 말 '눈이 삐었다'도 있다.

'보지 못하는 소경'은 하나님 나라를 보지 못하는 자들이다.

바울은 그런 죄인이었다. 그는 '죄인의 괴수'^{딤전 1:15}였다는 한마디로 자신이 하나님께 지은 죄를 총체적으로 종합한다. 로마서에서부터 빌레몬서까지 그 안에는 자신이 하나님께 지은 죄가 무엇인지를 객관적으로 자세히 풀어 썼다. 스데반을 죽이는데 찬성하고 사람들을 옥에 가둔 일은 일부에 불과하다. 죄를 설명하는 많은 글이 있다. 그가 죄에 관해 쓴 글은 평범하지 않다. 하나님께 죄를 짓고 살다가 몹시 뉘우치고 돌아선 죄인만 표현할 수 있는 내용이다. 가슴

새로 지으심을 받은 자 27

을 치며 후회한 사람의 가슴 밑바닥에서 울리는 소리이다. 하나님을 거역하고 사망에 내어졌던 죄인의 기록이다. 자신의 행실을 하나하나 반추해 영원한 형벌을 당연히 받아야 할 행동을 자각한 내용이다. 마음 속 깊은 곳을 비춰 봐야만 아는 내면의 뉘우침이다. 이를 반증하는 것이 은혜에 대한 그의 글이다. 그가 감격스럽게 은혜를 입지 않았으면 그 깊이를 알 길이 없다. 태어나면서부터 죄로 가득하게 살다가 값없이 용서받은 감격을 누린 사람만 할 수 있는 고백이다. 죄인의 괴수로 고백하는 한마디 안에는 지은 죄를 몹시 뉘우치는 탄식과 속죄함을 받은 한량없는 은혜가 함께 들어 있다.

사람은 죄를 고백하는 일에 신중해야 한다. 사람에게 자신의 잘못을 털어놓고 나서 후회하게 되거나 불편한 관계가 될 수 있다. 고백을 듣는 사람의 반응도 문제다. 비밀이 유지되지 않아서 풍파를 일으키기도 한다. 하나님께 지은 죄는 하나님께 고백해야 한다. 죄를 사하는 권세는 예수만 가지고 계신다. 사람은 하나님께 지은 죄를 용서할 권한이 없다. 논리적으로도 그렇다. 하나님 말씀은 당연히 그러하다.

예수께서는 하나님의 일을 나타내려 하신다. 예수께서는 보지 못하는 죄인을 보게 하려고 이 땅에 오셨다. 하나님께서는 보지 못하는 자들의 눈을 열어 주시기를 사 29:18, 42:7, 16 기뻐하신다.

> 예수께서 가라사대 내가 심판하러 이 세상에 왔으니 보지 못하는 자들은 보게 하고 보는 자들은 소경 되게 하려 함이라 하시니 (요 9:39)

예수께서 '보지 못하는 자들은 보게'하러 이 땅에 오신 것을 모르는 사람들은 자신에게는 너그럽고 타인에게는 야박스럽다.

> 제자들이 물어 가로되 랍비여 이 사람이 소경으로 난 것이 뉘 죄로 인함이오니이까 자기오니이까 그 부모오니이까 예수께서 대답하시되 이 사람이나 그 부모가 죄를 범한 것이 아니라 그에게서 하나님의 하시는 일을 나타내고자 하심이니라 (요 9:2,3)

소경을 보고 자신의 죄인지 부모의 죄인지를 묻는 냉혹한 현실이다. 자신이 정한 기준에 이르지 못하면 무조건 죄로 몰고 본다. 심지어는 조상까지 물고 늘어진다. 예수께서 '이 사람이나 그 부모가 죄를 범한 것이 아니라 그에게서 하나님의 하시는 일을 나타내고자 하심이니라'고 후련하게 말씀하신다. 긍휼에 풍성하신 하나님의 은혜이다.

> 여호와께서 소경의 눈을 여시며 여호와께서 비굴한 자를 일으키시며 여호와께서 의인을 사랑하시며 여호와께서 객을 보호하시며 고아와 과부를 붙드시고 악인의 길은 굽게 하시는도다 (시 146:8,9)

> 그 때에 소경의 눈이 밝을 것이며 귀머거리의 귀가 열릴 것이며 (사 35:5)

사람이 하나님 나라를 볼 수 없는 소경인 것을 스스로 인정하면 눈이 밝아져 보게 된다. 죄를 벗어난다. 그러나 본다고 억지를 부리면 하나님께 지은 죄가 그저 있다.^{벧후 1:9}

> 바리새인 중에 예수와 함께 있던 자들이 이 말씀을 듣고 가로되 우리도 소경인가 예수께서 가라사대 너희가 소경 되었더면 죄가 없으려니와 본다고 하니 너희 죄가 그저 있느니라 (요 9:40-41)

바울은 식음을 전폐하고 기도하는 중이다.^{행 9:9, 11}

너의 죄를 씻으라

예수께서 바울을 위해 아나니아라는 제자를 보내신다.^{행 9:6} 아나니아는 바울이 그리스도의 도를 따르는 무리를 잡아 결박하여 가두러 온 사람인 것을 알고 있다.^{행 9:13} 잡히면 예루살렘으로 끌려갈 대상이다. 그러나 예수께서 이르시는 말씀을 전하기 위해 바울을 만나러 간다.

> 아나니아가 떠나 그 집에 들어가서 그에게 안수하여 가로되 형제 사울아 주 곧 네가 오는 길에서 나타나시던 예수께서 나를 보내어 너로 다시 보게 하시고 성령으로 충만하게 하신다 하니 즉시 사울의 눈에서 비늘 같은 것이 벗어져 다시 보게 된지라 일어나 침례를 받고 음식을 먹으매 강건하여지니라 사울이 다메섹에 있는 제자들과 함께 며칠 있을새 (행 9:17-19)

> 율법에 의하면 경건한 사람으로 거기 사는 모든 유대인들에게 칭찬을 듣는 아나니아라 하는 이가 내게 와 곁에 서서 말하되 형제 사울아 다시 보라 하거늘 즉시 그를 쳐다보았노라 (행 22:12,13)

아나니아는 예수께서 보내신 사람이다. 어떻게 보면 아나니아가 바울을 만나는 모습은 단순하다. 자기소개도 없고 바울을 알아보려는 모습도 없이 '네가 오는 길에 나타나신 예수께서 나를 보내어 너로 다시 보게 하신다'는 말을 전한다. 죄를 씻으라는 말이다.

> 이제는 왜 주저하느뇨 일어나 주의 이름을 불러 침례를 받고 너의 죄를 씻으라 하더라 (행 22:16)

예수께서 보내신 사람은 단순하게 '죄를 씻으라'는 말씀을 전한다. 하나님과 화평케 하는 부탁을 받아 신실하게 전한다.^{고후 5:18, 19, 마 5:9} 사람과 인간관계를 형성하려는 것도 아니고 세상 사는 얘기를 하려는 것도 아니다. 예수께서 보내시지 않은 무리들과 대비된다. 사람이 만든 체제나 조직이 있다. 믿으면 재물의 축복을 받는다고 하며, 신비한 체험이나 병 고친 체험으로 관심을 끌어 사람을 모으려 하며, 조직으로 데려가려 하며, 전통이나 규모를 자랑하며, 종교 지도자를 대단한 듯 내세우며, 헌금을 강조한다. 이런 유형은 쉽게 얘기해서 예수께서 보내신 사람들이 아니다. 죄 사함은 하나님의 뜻대로 살지 않은 자신을 알고 식음을 전폐하듯 뉘우치고 부르짖으며 기도하는 사람에게만 주어진다. 도덕적인 허물과 실수를 뉘우치는 일은 시작에 불과하다. 하나님께 죄를 지은 결과로 영원한 심판이 이미 내려진 사실을 아는 사람은 하나님의 형벌이 두렵다. 예수께서는 그런 죄인을 찾고 계신다. 복음을 전하는 이는 대언하는 자이다. 죄를 사하는 권세를 가지고 있지 않다. 예수께서 하시는 말씀으로만 가능하다. 확실한 보장을 위해 성령으로 충만하게 하신다. 예수께서 모든 사람의 죄를 위해 죽으셨다는 보편적 전도는 핵심이 빠져 있다. 말하는 사람이나 듣는 사람이나 허공을 친다. 사람들이 잠깐 열심을 내다가 미지근하게 되는 게 그 증거다. 죄 사함을 얻었다면서 죄를 가볍게 여기며 사는 사람들도 조심해야 한다. 조직을 키우기 위해 예수께서 주시는 죄 사함을 반복적으로 강조하는 무리에게 속아서도 안 된다. 누구든지 믿기만 하면 된다는 무책임한 전도도 있다.

아나니아는 '예수께서 나를 보내어 너로 다시 보게 하시고 성령으로 충만하게 하신다'는 말씀을 전했고 바울은 다시 보게 된다.[행 9:17-19] 예수의 말씀으로 죄 사함을 받고 성령으로 충만해졌다.

예수께서 바울은 택한 그릇이라고 말씀하신다.[행 9:15] 대단히 모순적이다. 자기를 핍박하는 바울을 용서하시고 그를 증인으로 쓰려 하신다.[행 22:14, 15, 26:16] 바울은 예수께서 베푸시는 긍휼을 알지 못하고 훼방하고 박해했다.[딤전 1:12-14] 사람들은 하나님의 아들 예수 그리스도께서 베푸시는 긍휼을 모르고 그를 배척한다. 눈먼 소경이다.

바울은 예수께서 하나님의 아들이심을 알았고 예수께서는 바울의 어두움을 걷어 내셨다.^{행 9:18, 20} 오래 참으시는 하나님의 아들 예수 그리스도의 은혜이다.^{벧후 3:15, 딤전 1:16}

바울은 마음 깊은 곳에서부터 그리스도 예수께서 주신 죄 사함에 감사를 드린다.

> 미쁘다 모든 사람이 받을 만한 이 말이여 그리스도 예수께서 죄인을 구원하시려고 세상에 임하셨다 하였도다 죄인 중에 내가 괴수니라 (딤전 1:15)

> 우리가 그리스도 안에서 그의 은혜의 풍성함을 따라 그의 피로 말미암아 구속 곧 죄 사함을 받았으니 이는 그가 모든 지혜와 총명으로 우리에게 넘치게 하사 그 뜻의 비밀을 우리에게 알리셨으니 곧 그 기쁘심을 따라 그리스도 안에서 때가 찬 경륜을 위하여 예정하신 것이니 하늘에 있는 것이나 땅에 있는 것이 다 그리스도 안에서 통일되게 하려 하심이라 (엡 1:7-10)

> 그가 우리를 흑암의 권세에서 건져내사 그의 사랑의 아들의 나라로 옮기셨으니 그 아들 안에서 우리가 구속 곧 죄 사함을 얻었도다 (골 1:13, 14)

바울은 어두움에서 빛으로 나아오게 되었고 사단의 권세에서 벗어나 하나님께 돌아가게 되었다.

일어나 네 발로 서라 내가 네게 나타난 것은 곧 네가 나를 본 일과 장차 내가 네게 나타날 일에 너로 사환과 증인을 삼으려 함이니 이스라엘과 이방인들에게서 내가 너를 구원하여 저희에게 보내어 그 눈을 뜨게 하여 어두움에서 빛으로, 사단의 권세에서 하나님께로 돌아가게 하고 죄 사함과 나를 믿어 거룩케 된 무리 가운데서 기업을 얻게 하리라 하더이다 (행 26:16-18)

누구든지 눈을 떠서 보게 되면 사단의 권세에서 벗어나 하나님께 돌아가게 된다. 그리고 죄를 씻어 주신 예수의 증인이 된다.행 22:15, 26:16

죄와 사망의 법에서 나를 해방하였음이라

바울이 교회들에게 쓴 편지에는 깊은 체험을 바탕으로 죄 사함을 전한 내용이 많다.

그러므로 이제 그리스도 예수 안에 있는 자에게는 결코 정죄함이 없나니 이는 그리스도 예수 안에 있는 생명의 성령의 법이 죄와 사망의 법에서 너를 해방하였음이라 (롬 8:1,2)

로마서 8장 2절의 '너를 해방하였음이라'의 헬라어 원본은 '나를(με) 해방하였음이라'이다. 원어를 인용하면 '그리스도 예수 안에 있는 생명의 성령의 법이 죄와 사망의 법에서 나를 해방하였음이라'이다. 그리스도 예수께서 '나를 해방하신' 감격을 전한다.

'오호라 나는 곤고한 사람이로다' 하면서 살던 사람이 롬 7:24 '나를 해방하였음이라' 롬 8:2 고 외친다. 대단하다. 사람이 크게 바뀌었다. 대 반전이다.

로마서 8장 3절과 4절은 더욱 확실하다.

> 율법이 육신으로 말미암아 연약하여 할 수 없는 그것을 하나님은 하시나니 곧 죄를 인하여 자기 아들을 죄 있는 육신의 모양으로 보내어 육신에 죄를 정하사 육신을 쫓지 않고 그 영을 쫓아 행하는 우리에게 율법의 요구를 이루어지게 하려 하심이니라

육신은 사람의 본성을 나타낸다. 정신적으로나 심리적인 면에서 나면서부터 가진 내면을 가지고 산다는 말이다. 하나님의 법을 따라 살 수 없다. 죄를 이기며 살 수 있는 능력이 없다. 도덕적인 생활을 하려 해도 무너지고 만다. 죄를 가진 약한 인간의 모습이다. 하나님의 의를 이룰 수 없다. 하나님께서는 이런 사람이 가진 연약함 때문에 자기 아들을 죄를 가진 육신의 모습으로 보내셨다. 육신 안에 있는 죄를 정죄하셔서 육신을 따라 살지 않고 영을 따라 살게 하신다. 율법의 요구를 이루어지게 하신다. 바울의 편지에는 이런 생활의 기록들로 가득하다

마음 속의 죄에 사로잡혀 곤고하게 살던 롬 7:21-24 삶이 죄에서 해방되어 롬 6:18, 22, 8:2 성령의 기쁨으로 산다. 골 1:11, 살전 1:6 선으로 악을 이기며 산다. 롬 8:37, 롬 12:21,

새로 지으심을 받은 자 35

고후 2:14 모본을 보이며 산다.행 20:35 옥에 갇혀서도 찬송을 부른다.행 16:25 어떤 환경에서도 능력 주시는 자 안에서 모든 것을 할 수 있다.빌 4:11-13 그에게 주어질 의의 면류관이 예비되어 있다.딤후 4:7,8

새로 지으심을 받은 자

바울의 삶은 새롭다. '그리스도께서 주시는 새 생명'을 증거하며 산다.

> 그러므로 우리가 그의 죽으심과 합하여 침례를 받음으로 그와 함께 장사되었나니 이는 아버지의 영광으로 말미암아 그리스도를 죽은 자 가운데서 살리심과 같이 우리로 또한 새 생명 가운데서 행하게 하려 함이니라 (롬 6:4)

> 이제는 우리가 얽매였던 것에 대하여 죽었으므로 율법에서 벗어났으니 이러므로 우리가 영의 새로운 것으로 섬길 것이요 의문의 묵은 것으로 아니할지니라 (롬 7:6)

로마서 6장 4절의 새 생명은 '생명의 새로움'이고 7장 6절의 영의 새로운 것은 '영의 새로움'이다.

'새로움'은 성경사전에 '성령이 우리 안에 거하심으로 인한 새로운 생명의 상태'로 풀이한다.

'새로움'은 단어 한 마디 자체로도 신선하다. 어두움을 걷어내고 예수 그리스도께서 주시는데 이 세상에 이보다 더 새로운 것은 없다.전 1:9

바울은 갈라디아 교회들에게 확언한다. '새로 지으심을 받은 자 뿐'이라고 결론 짓는다.

> 할례나 무할례가 아무 것도 아니로되 오직 새로 지으심을 받은 자뿐이니라 (갈 6:15)

'새로 지으심을 받은 자'는 하나님께서 새로 창조하셨다는 것을 강조한 말씀이다.

겉으로는 의연하게 살던행 26:5, 빌 3:5 바울이었다. 하나님께 죄를 지으며 산다는 사실을 모르고 열심을 냈다. 하나님께서 원하시는 바를 몰랐다. 마음속에 느낌이 있었다. 가시가 찌르는 아픔이었다. 뒷발질할수록 더욱 고통스럽게 율법이 죄를 찔렀다. 그에게 예수께서 빛으로 나타나셨다. 죄를 드러내시고 눈을 뜨게 하셨다. 죄를 용서하셨다. 바울은 그리스도께서 주신 믿음으로 새로워졌다. 바울은 홀가분하다.

독특한 새로움이다. 이전 것은 모두 지나갔다.고후 5:17 모든 것에서 벗어난 후련함이다. 지난 일이 더 이상 걸림돌이 되지 않는 신선함이다. '보라, 모든 것이 새 것이 되었다'고 외칠 수 있다.

바울은 모든 지식을 부담 없이 버렸다.빌 3:8 지식은 이상하다. 부족함 때문에 열등감이 있는가 하면 자랑하면서도 열등감이 있다. 바울은 당시의 지식층이었다. 다소(Tarsus)라는 작은 성읍에서 태어나 자랐으나행 9:11, 30, 11:25, 21:39, 22:3 유대인 최고 도시 예루살렘에 유학한 사람이다. 세계적인 도시의 지식인이나 고급인력은 지식 수준으로 사람을 구별한다. 예루살렘의 서기관들과 관원들의 생활에서 볼 수 있는데행 4:13 그런 양상은 늘 존재한다. 노력으로 축적한 지식이 재산이 되고 자부심이 되는데 이를 버리는 일은 쉽지 않다. 여간 사람에게는 흔하지 않은 일이다. 그러나 그는 자신에게 유익하던 모든 것을 그리스도를 위해서 버렸다. 스스로에게 이롭다고 여겼던 것보다 그리스도를 아는 지식이 가장 고상함을 알았다.빌 3:7, 8 이미 얻어 차지한 지식을 배설물 버리듯 할 수 있는 용기는 고상한 지식 때문이다. '고상하다'는 '스스로를 위쪽으로 유지하다'이다. '고상한 지식'은 평등해서 누구나 가질 수 있다. '그리스도 안의 믿음'이 준다. 예루살렘 사람들이 학문 없는 무리로 알고 낮추어 보던 갈릴리 제자들은 그 지식을 기탄없이 말했다.행 4:13 예루살렘 사람들이 그들의 품위에 압도된다. 세상에서는 스스로 고상한 척하다가 때로 모욕도 받고 추해지기도 한다. 그러나 그리스도 안의 고상한 지식은 늘 새롭다.골 3:10, 벧후 3:18, 엡 3:18 그리고 자라간다. 그 넓이와 길이와 높이와 깊이를 알면 마음을 가득하게 채워준다. 바울은 그리스도를 아는 지식으로 후회 없이롬 11:29 늘 새로운 삶을 살았다.

바울은 '예수의 흔적'갈 6:17을 가진 새 사람이다.

계시될 믿음

믿음은 율법을 전제로 한다. 이 명제를 로마서와 갈라디아서를 중심으로 살펴보도록 하자. 계시될 믿음에 이르게 된다.

로마서 안의 교리적 문맥

로마서는 바울이 로마에 살고 있는 그리스도 안의 형제들에게 쓴 편지이다. 유달리 논리 정연한 내용이 많아서 감동스럽지만 세심히 읽어야 한다.

로마서는 크게 세 부분으로 구분할 수 있다. 1장부터 8장까지는 '그리스도 안의 복음', 9장부터 11장까지는 '이스라엘 사람'에 대하여 그리고 12장부터 16장까지는 '형제들에게 권하는' 내용으로 나눌 수 있다.

> **로마서 안에 쓰인 접속어**
>
> 문장의 내용이 상반될 때 쓰이는 접속부사 '그러나(but)'가 'for'(롬 3:7), 'nevertheless'(롬 5:14), 'yet'(롬 8:37)과 함께 11번이나 쓰였다.
>
> 문장을 접속하는 '그러므로(so, therefore, then)'도 많이 쓰였다. '그러므로' 중에 'so'(롬 1:15, 20, 7:3)와 'then'(롬 7:21)이 쓰인 곳을 제외하고 'therefore'가 쓰인 게 16번이다.
>
> 논리적인 결과를 서술하고 문장을 이어 가는 '그런즉'도 있다. 'therefore'(롬 2:26, 5:18)를 제외하고 'then'으로 표기된 곳만 20곳이다.
>
> 앞의 내용이 뒤의 조건이 되는 '그러면'도 있다. therefore(롬 2:21), why(롬 3:8), then(롬 3:9, 5:9)이다.
>
> 전치사나 접속사 역할을 다양하게 하는 'for'도 40번 가깝게 쓰였다.

모든 성경도 그러하지만 로마서는 더욱 자세히 그리고 조심스럽게 읽어야 한다. 구약 성경이 두루마리에 쓰였듯이 시 40:7, 렘 36:4, 히 10:7 신약 성경도 마찬가지다. 각 권이 하나의 기록이나 편지이다. 전체를 문맥에 따라 읽어야 한다. 교리적이라 할 수 있는 로마서 처음 여덟 장은 더욱 그러하다.

문장을 다양하게 접속하면서 대비적인 서술도 많다. 문장의 접속이 직전의 내용이 아닐 수도 있어 이전 문장의 연결 고리를 추적해야 하기도 한다.

문장 자체의 서술과 취합이 다양하고 대단히 논리적이라서 이해하는 데 많은 노력이 필요하다.

로마서 8장 1절의 접속사 '그러므로'는 직전 문장 7장 25절에 연결되지 않는다. 내용이 서로 다르다. 7장 25절은 '죄의 법을 섬기는 내 자신'이고 8장 1절은 '죄와 사망의 법에서 해방된 나'이다. 8장 1절 '그러므로'의 접속을 찾아 문장을 되돌려 찾아가 보면 7장 6절에 가서 연결된다. '그러므로 이제 그리스도 예수 안에 있는 자에게는 결코 정죄함이 없나니(8장 1절)'는 '이제는 우리가 얽매였던 것에 대하여 죽었으므로 율법에서 벗어났으니 이러므로 우리가 영의 새로운 것으로 섬길 것이요 의문의 묵은 것으로 아니할지니라(7장 6절)'와 율법에서 벗어난 점에서 일치한다. 그 사이에 있는 7장 7절부터 25절까지는 '죄로 심히 죄 되게 해서 나를 죽이는 율법'을 풀어 쓴 전혀 다른 내용이다.

율법에 대한 가르침

율법에 대한 설명은 7장이 처음이 아니다. 앞에서 여러 차례 설명을 하고서 오히려 마지막으로 아주 강하게 강조한 부분이다. 율법을 논할 때는 대부분의 경우 은혜와 함께 비교한다. 여러 번 반복해서 밝혀 말했다.

율법	은혜
롬 2:12-29	롬 3:21-30
롬 3:19, 20	롬 4:1-13
롬 4:14, 15	롬 4:16-25
롬 5:13, 20	롬 5:21
롬 7:7-25	롬 7:1-6
롬 8:3	롬 8:3, 4

바울은 '죄를 심히 죄 되게 하는 율법'을 말하면서롬 7:13 다음에 '율법을 행하는 믿음'에 대해서도 곧바로 언급했다.

> 하나님 앞에서는 율법을 듣는 자가 의인이 아니요 오직 율법을 행하는 자라야 의롭다 하심을 얻으리니 (롬 2:13)

> 그런즉 우리가 믿음으로 말미암아 율법을 폐하느뇨 그럴 수 없느니라 도리어 율법을 굳게 세우느니라 (롬 3:31)

> 그런즉 어찌하리요 우리가 법 아래 있지 아니하고 은혜 아래 있으니 죄를 지으리요 그럴 수 없느니라 (롬 6:15)

> 그러므로 내 형제들아 너희도 그리스도의 몸으로 말미암아 율법에 대하여 죽임을 당하였으니 이는 다른 이 곧 죽은 자 가운데서 살아나신 이에게 가서 우리로 하나님을 위하여 열매를 맺게 하려 함이니라 (롬 7:4)

'율법을 행하는 믿음'은 8장 4절의 '율법의 요구를 이루어지게 하려 하심이니라'와 들어 맞는다.

율법은 단순하지 않다. 기능이나 적용이 다양하다. 유대인이며[행 21:39] 이방인의 사도인[롬 11:13, 갈 2:8] 바울의 율법에 대한 가르침은 심오하다.

율법을 폐하느뇨

로마서 3장 31절을 먼저 읽어보자.

> 그런즉 우리가 믿음으로 말미암아 율법을 폐하느뇨 그럴 수 없느니라 도리어 율법을 굳게 세우느니라 (롬 3:31)

영어성경과 그 해석을 보면 묻고 답하는 형식이다.

Do we then make void the law through faith? Certainly not! On the contrary, we establish the law.

그렇다고 해서 우리가 믿음으로 율법을 폐하느냐? 절대로 아니다. 그와 반대로 우리는 율법을 굳게 세운다.

대화하듯이 우선 질문한다. '그렇다고 해서 우리가 믿음으로 율법을 폐하느냐' 그러고 나서 강하게 부정한다. '절대로 아니다.' 다음의 말은 '그와 반대로, 우리는 율법을 굳게 세운다'라는 선언이다.

바울은 믿음이 있다 해서 율법의 효력을 없앨 수 없다고 단언한다. 오히려 율법을 확고히 세운다고 강조한다.

로마서 3장을 정리한다면 '죄인이 의롭다 하심을 얻는 것은 율법의 행위에 있지 않고 오직 믿음의 법으로만 가능하다. 그렇다 해서 믿음으로 율법을 폐하는 것은 절대로 아니고 오히려 굳게 세운다'롬 3:1-31 이다.

바울이 받아들인 율법은 예수의 가르침에서 왔다. 예수께서는 '율법을 폐하러 온 줄로 생각지 말라'고 말씀하셨다. 허다한 무리와 제자들이 예수께 나아왔을 때 산에 오르셔서 가르치신 말씀이다.마 4:25-5:1

내가 율법이나 선지자나 폐하러 온 줄로 생각지 말라 폐하러 온 것이 아니요 완전케 하려 함이로다 진실로 너희에게 이르노니 천지가 없어지기 전에는 율법의 일점 일획이라도 반드시 없어지지 아니하고 다 이루리라 그러므로 누구든지 이 계명 중에 지극히 작은 것 하나라도 버리고 또 그같이 사람을 가르치는 자는 천국에서 지극히 작다 일컬음을 받을 것이요 누구든지 이를 행하며 가르치는 자는 천국에서 크다 일컬음을 받으리라 내가 너희에게 이르노니 너희 의가 서기관과 바리새인보다 더 낫지 못하면 결단코 천국에 들어가지 못하리라 (마 5:17-20)

예수께서는 계명 중에 지극히 작은 것 하나라도 버리거나 그렇게 가르치는 자에 대해 경고하셨고 이를 행하며 가르치는 자는 칭찬하셨다. 마 5:19

예수께서는 율법을 버리지 말라고 명령하셨다.

> 화 있을진저 외식하는 서기관들과 바리새인들이여 너희가 박하와 회향과 근채의 십일조를 드리되 율법의 더 중한 바 의와 인과 신은 버렸도다 그러나 이것도 행하고 저것도 버리지 말아야 할지니라 (마 23:23)

예수께서 보시기에 서기관들과 바리새인들은 외식하는(外飾, 겉치레만 하는) 자들이다. 왜냐하면 율법을 행하는 것으로 보이지만 실제로는 더 중요한 의(義)와 인(仁)과 신(信)은 버렸다. 율법으로 겉치레만 하는 자들은 예수께 책망을 받는다. 예수께서는 이것도 행하고 저것도 버리지 말라고 명하셨다.

예수께서는 서기관들과 바리새인들의 행위를 본받지 말라고 명하셨다.

> 그러므로 무엇이든지 저희의 말하는 바는 행하고 지키되 저희의 하는 행위는 본받지 말라 저희는 말만 하고 행치 아니하며 (마 23:3)

이스라엘인의 생활 속에는 모순이 있다. 유대인들은 율법이 그들의 생활의 근간임에도 불구하고 신 27:3, 31:12, 대하 17:9, 롬 9:4 율법을 벗어나는 일들이 많다. 왕하 17:34, 대하 15:3, 행 6:13, 롬 2:17-23 더욱이나 일탈이 심한 종교 지도자들의 불법은 겔 22:26, 호 4:6, 습 3:4, 눅 11:46, 52 사람들에게 나쁜 영향을 미친다. 예수께서 종교 지도자들의 모순된 율법적 행위를 본받지 말라고 명령하신 이유이다. 마 15:2, 막 7:1-8

성경 전체의 의미를 도외시하고 왜곡하여 율법을 가르치면 곤란하다. 반드시 성경 전체를 자세히 살펴야 한다. 성경과 일치하지 않는 이론으로 사람들을 가르치는 것은 소경된 인도자(blind guide) 마 23:16, 24, 렘 25:34-36 이다.

눈먼 자들이 율법을 오해한 증거는 많다. 십계명을 예로 든다면, 율법 중에 십계명의 모든 계명은 언제나 효력을 가지고 지속된다. 십계명은 구약에만 존재하지 않고 신약 성경 여러 곳에서 십계명이 지속된다. 우상, 행 17:29 하나님의 이름, 마 5:34, 35 힘써 행하는 일, 살후 3:10-12, 출 34:21 부모, 마 15:4, 19:19 막 10:19, 눅 18:20 살인, 롬 13:9, 마 19:18, 막 10:19, 눅 18:20 간음, 롬 13:9, 마 5:27, 19:18, 막 10:19, 눅 18:20 고전 6:9 도적질, 마 19:18, 막 10:19, 눅 18:20, 롬 13:9, 고전 6:10 거짓말, 마 19:18, 막 10:19, 눅 18:20 탐심, 롬 13:9 등 아주 많다.

더욱이나 예수께서는 십계명을 더욱 견고히 하셨다. 몇 가지만 예를 들어 보자.

여섯째 계명 '살인하지 말지니라'는 실제적 살인만 해당된다. 그러나 예수께서는 형제에게 '미련한 놈이라 하는 자는 지옥 불에 들어가리라'마 5:22 하셨다. 사람을 죽이지 않았다 해도 형제에게 화를 내거나 욕설(라가)을 하거나 미련하다 하면 안 된다. 형제를 미워하면 살인이다. 요일 3:15

일곱째 계명 '간음하지 말지니라'도 구체적으로 범한 죄로만 재판한다. 레 18:6-20, 20:10-21, 신 22:22-30 그러나 예수께서는 '여자를 보고 음욕을 품는 자마다 마음에 이미 그 여자와 간음하였느니라(NKJV, But I say to you that whoever looks at a woman to lust for her has already committed adultery with her in his heart.)' 이렇게 말씀하셨다. 음욕을 품은 자는 남자나 여자나 이미 간음한 것이다.

아홉째 계명 '네 이웃에 대하여 거짓 증거하지 말지니라'는 더욱 심각하다. 예수께서는 거짓을 말하는 자는 마귀 자녀라고 하셨다. 요 8:44

율법에서 이웃과의 관계는 '눈은 눈으로, 이는 이로 갚으라'출 21:24, 마 5:38이다. 그러나 예수께서는 일흔번씩 일곱번이라도 용서하라고 마 18:21, 22 하셨다.

율법이 지키기 쉬운가 아니면 신약의 예수께서 이르신 말씀이 지키기 쉬운가 생각해 봐야 한다. 율법이 설령 폐해졌다 하더라도 믿음을 가진 사람이라면 예수께서 이르신 대로 마음속의 죄를 다스릴 수 있어야 한다. 율법보다 훨씬 더 높은 차원의 행위가 요구된다. 율법이 폐해졌다 하고 선한 양심을^{딤전 1:5} ^{벧전 3:16} 따라 사는 생활은 없는 가식적인 사람들이다. 예수께서는 율법을 폐하러 오신 분이 아니시고 율법을 완전하게 하려고 오신 분이다. 율법은 절대로 폐해질 수 없다.

율법이 폐해지지 않는 것은 너무나 당연하다.

율법을 굳게 세우느니라

하나님께서^{신 33:27, 시 146:10, 사 40:28} 율법을 주시며^{레 26:46, 신 4:44, 눅 24:44} '영원히 지킬 규례'^{출 28:43, 30:21, 레 16:29, 31, 17:7, 23:14, 31} 라고 말씀하셨다.

> 주의 말씀의 강령은 진리오니 주의 의로운 모든 규례가 영원하리이다" (시 119:160)

> 또 여호와가 너희를 위하여 기록한 율례와 법도와 율법과 계명을 너희가 지켜 영원히 행하고 다른 신들을 경외치 말며 (왕하 17:37)

> 너희는 그 언약 곧 전대에 명하신 말씀을 영원히 기억할지어다 (대상 16:15)

율법은 규례와 명령 그리고 법도 모두를 일컫는 말이다.^{신 5:31, 6:1, 7:11, 8:11, 10:13, 26:17, 30:16} 규례는 일단 정해지면 본질적으로 동일한 효력이 계속된다. 영원하다.^{출 12:14, 17, 31:16, 레 16:29, 23:31, 24:8} 지켜야 한다.

> 이는 너희의 영원히 지킬 규례라 이스라엘 자손의 모든 죄를 위하여 일 년 일 차 속죄할 것이니라 아론이 여호와께서 모세에게 명하신 대로 행하니라 (레 16:34)

> 이 날에 너희는 너희 중에 성회를 공포하고 아무 노동도 하지 말지니 이는 너희가 그 거하는 각처에서 대대로 지킬 영원한 규례니라 (레 23:21)

이제는 율법의 가치가 어떻게 보존되며 하나님께서 기뻐하시는 율법을 어떻게 행하며 사느냐 하는 질문이 남아 있다.

> 주는 나의 하나님이시니 나를 가르쳐 주의 뜻을 행케 하소서 주의 신이 선하시니 나를 공평한 땅에 인도하소서 (시 143:10)

> 누구든지 하나님의 뜻대로 하는 자는 내 형제요 자매요 모친이니라 (막 3:35)

답은 '나를 공평한 곳으로 인도하소서'^{행 20:27, 갈 1:4, 딤후 1:9, 벧전 4:2, 요일 2:17} 라는 간구와 '예수께서 형제라 부르시는 무리 안에서 하나님의 뜻을 따라 산다'이다.

바울은 '우리가' 율법을 굳게 세운다고 ^{롬 3:31} 드러내어 말한다. '세운다'는 헬라어는 '확고히 지속하여 이룬다'는 뜻을 가지고 있다.

율법을 지키며 살려는 의지를 가진 무리와 함께 하나님의 아들 예수 그리스도께서 보내신 성령의 도우심으로 이루어진다.

> 율법이 육신으로 말미암아 연약하여 할 수 없는 그것을 하나님은 하시나니 곧 죄를 인하여 자기 아들을 죄 있는 육신의 모양으로 보내어 육신에 죄를 정하사 육신을 쫓지 않고 그 영을 쫓아 행하는 우리에게 율법의 요구를 이루어지게 하려 하심이니라 (롬 8:3, 4)

육신을 따라 산다면 율법의 요구를 이루는 삶은 불가능하다. 성령의 법으로 죄와 사망의 법에서 해방된 사람은^{롬 8:2} 율법의 요구를 이루는 삶이 가능하다.

율법 아래 있는 사람에게는 율법이 진노가 되지만^{롬 4:15} 성령 아래 있으면 율법은 의롭고 선하다.

> 이로 보건대 율법도 거룩하며 계명도 거룩하며 의로우며 선하도다 (롬 7:12)

> 우리가 율법은 신령한 줄 알거니와 나는 육신에 속하여 죄 아래 팔렸도다 (롬 7:14)

만일 내가 원치 아니하는 그것을 하면 내가 이로 율법의 선한 것을 시인하노니 (롬 7:16)

그러나 사람이 율법을 법있게 쓰면 율법은 선한 것인 줄 우리는 아노라 (딤전 1:8)

하나님께서 육신의 일에서 건져 내시면 율법을 영원히 지킬 수 있다.

여호와여 주의 말씀대로 주의 인자하심과 주의 구원을 내게 임하게 하소서 (시 119:41)

내가 주의 율법을 항상 영영히 끝없이 지키리이다 (시 119:44)

그리스도께서 주신 성령은 죽을 몸도 살리신다.

예수를 죽은 자 가운데서 살리신 이의 영이 너희 안에 거하시면 그리스도 예수를 죽은 자 가운데서 살리신 이가 너희 안에 거하시는 그의 영으로 말미암아 너희 죽을 몸도 살리시리라 (롬 8:11)

모든 말씀이 일치하게 증거한다. 그리스도께서 주신 성령의 인도하심을 따라 사는 자는 율법을 굳게 세우며 살아갈 수 있다.

율법을 다 이루었느니라

예수께서 율법을 다 이루셨다. 율법의 마침이 되신다.

> 피차 사랑의 빚 외에는 아무에게든지 아무 빚도 지지 말라 남을 사랑하는 자는 율법을 다 이루었느니라 (롬 13:8)

> 그리스도는 모든 믿는 자에게 의를 이루기 위하여 율법의 마침이 되시니라 (롬 10:4)

예수께서 십자가에 달리심으로 율법의 저주에서 속량하셨다. 속량(贖良)은 '죄 값을 치르시고 풀어 주신다'이다.

> 그리스도께서 우리를 위하여 저주를 받은 바 되사 율법의 저주에서 우리를 속량하셨으니 기록된 바 나무에 달린 자마다 저주 아래 있는 자라 하였음이라 (갈 3:13)

예수께서는 자유케 된 무리들을 눅 4:18, 요 8:32, 36 충분히 지키실 믿음이 있으시다. 그리스도를 믿는 믿음이 하나님께서 주시는 의로운 선물이다. 롬 5:15, 16 차별이 없다.

> 곧 예수 그리스도를 믿음으로 말미암아 모든 믿는 자에게 미치는 하나

님의 의니 차별이 없느니라 (롬 3:22)

그러므로 사람이 의롭다 하심을 얻는 것은 율법의 행위에 있지 않고 믿음으로 되는 줄 우리가 인정하노라 (롬 3:28)

그 안에서 발견되려 함이니 내가 가진 의는 율법에서 난 것이 아니요 오직 그리스도를 믿음으로 말미암은 것이니 곧 믿음으로 하나님께로서 난 의라 (빌 3:9)

그리스도를 믿는 믿음을 가진 이들은 서기관과 바리새인보다 더 나은 의가 된다.마 5:20 천국에 넉넉히 들어간다.롬 8:37, 벧후 1:11 그리스도께서 율법을 완전하게 이루셨기 때문이다.

야고보도 하나님의 긍휼은 율법의 심판을 이기고 자랑한다고 가르쳤다.

긍휼을 행하지 아니하는 자에게는 긍휼 없는 심판이 있으리라 긍휼은 심판을 이기고 자랑하느니라 (약 2:12, 13)

야고보는 기둥과 같은 존재이다.갈 2:9 할례로 인해 율법에 대한 논쟁이 있었을 때 구약을 예로 들어 논쟁을 단번에 종식시켰고행 15:1-29 그것이 사도와 장로들의 규례가 되었다.행 16:4

야고보는 율법을 '자유하게 하는 온전한 율법'이라고 부른다.^(약 1:25, 2:12) 율법은 사람을 제약하는 것이 아니고 자유하게 한다고 가르친다. 자유는 진정한 의미의 해방이다.^(롬 8:21, 고후 3:17, 갈 5:1) 그런 자유한 율법이기 때문에 실행하는 자가 복이 있다.

> 너희는 도를 행하는 자가 되고 듣기만 하여 자신을 속이는 자가 되지 말라 누구든지 도를 행하지 아니하면 그는 거울로 자기의 얼굴을 보는 사람과 같으니 제 자신을 보고 가서 그 모양이 어떠한 것을 곧 잊어버리거니와 자유하게 하는 온전한 율법을 들여다 보고 있는 자는 듣고 잊어버리는 자가 아니요 실행하는 자니 이 사람이 그 행하는 일에 복을 받으리라 누구든지 스스로 경건하다 생각하며 자기 혀를 재갈 먹이지 아니하고 자기 마음을 속이면 이 사람의 경건은 헛것이라 (약 1:22-26)

야고보는 믿음이 무엇이며 율법이 무엇인지를 자세히 가르친다. '믿음을 가진 자의 행함'과 ^(약 1:3, 6, 2:5, 2:22, 24) '행함이 없는 죽은 믿음'으로 ^(약 2:14, 17, 2:20, 26) 구분하여 가르친다. 율법은 자유케 하는 것, 다시 말하면 해방시키는 것인데 믿음이 있다고 하면서 행함이 없다면 헛것이다.^(약 2:20) 믿음이 있다 하면서 재물을 자랑하는 죄가 있다. 하나님께서 축복하셨다 하지만 실제는 썩은 재물을 포장해서 내어놓는 위선이다. 허세를 부리고 사람을 얕잡아 보는 일이 증거이다. ^(약 4:13-5:6) 돈이 기도의 응답이라고 하거나 믿음을 따라 얻었다고 하는 것도 속이 들여다보이는 일이다. 사는 생활이 하나님께 칭찬받을 수준이 아닌 사실을 본인이 더 잘 안다. 조금의 봉사와 약간의 헌금은 모두 눈속임이다. 돈을 사랑하는 속마음을^{딤전 6:10, 딤후 3:2} 위장한다. 모든 것이 돈을 향한 거짓이다. 돈 때문에 사람들에게 피해를 준다.^{약 5:4, 2:6} 신실한 믿음을 부끄럽게 만드는 사단의 무리이다. 이런 것은 악한 것이다.^{약 4:16} 말을 함부로 해서 자신을 더럽히고 주변과 사회를 더럽힌다.^{약 1:26, 3:1-12} 찬송하던 입으로 사람들을 저주한다. 혀로 지옥 불과 같이 스스로를 불사른다. 혀를 재갈 먹일 수도 없고 자기 마음도 속인다. 말을 삼갈 수 있는 절제가 불가능해서 문제를 만든다. 헛된 경건이다. 죽은 믿음 때문이다. 선을 행할 줄 알고도 행하지 아니한 죄이다. 변명의 여지없이 행함이 없는 믿음이다.

하나님께서 율법이 이스라엘 총회의 기업이 된다고 말씀하셨다.

> 모세가 우리에게 율법을 명하였으니 곧 야곱의 총회의 기업이로다 (신 33:4)

총회는 소집된 회중이다. 기업은 '유산', '상속', '소유'이다. 하나님의 백성이 행하는 믿음으로 이루는 기업이 율법이다. 성도들의 옳은 행실,^{계 19:8} 성령의 열매,^{갈 5:22} 각 사람이 그리스도의 터 위에 세운 공력^{고전 3:13-15}이다. 율법의 마침이 되신 그리스도께서 모든 믿는 자에게 의를 이루신다.

율법이 우리를 그리스도에게로 인도하는 몽학선생이 되어

갈라디아 교회는 그리스도를 믿는 믿음과 율법을 오해했다. 바울은 그들이

가진 율법에 대한 오해를 잘 알고 있다.^갈 4:21

바울은 그리스도에게 인도하는 몽학선생으로 율법을 풀어 가르친다.

> 이같이 율법이 우리를 그리스도에게로 인도하는 몽학선생이 되어 우리로 하여금 믿음으로 말미암아 의롭다 함을 얻게 하려 함이니라
> (갈 3:24)

몽학선생은 '스승 같은 안내자'^고전 4:15 혹은 '후견인'이다. 아이를 학교에 데리고 가는 역할을 한다. 그리스도에게 인도하기 위해 어떤 모습으로 그리스도 앞에 서야 하는지를 가르쳐 준다. 먼저 죄를 깨닫게 해서 믿음 없는 모습을 드러나게 한다. 유대인은 율법으로 죄를 깨닫고 이방인은 양심이 율법이다.^롬 2:14, 15

바울은 자기가 지나온 길을 통해 율법이 그리스도에게 인도한 과정을 소상히 알고 있다. 우선 외적인 행함으로 율법을 따른^빌 3:5, 6 자기 모습을 보았다. 흠이 없이 사는 줄 알아서 마음 속의 죄를 깨닫지 못했다.^롬 7:7 그러나 이제 죄의 종으로 사는 자신을 보고 괴로워한다.^롬 7:23, 24 겉과 속이 다른 외적인 경건에 매여 사는 위선적인 모습을 보게 되었다. 율법이 안내자가 되어 주었다. 하나님을 두려워하지 않고 살아온 생활의 결과에 대한 두려움을 느끼게 만든다. 깊이 뉘우치게 만든다.^롬 7:25, 시 51:3 용서하실 분을 찾게 만든다. 그러나 율법에 의해서 거룩하게 될 수 없다.

계시될 믿음 55

> 사람이 의롭게 되는 것은 율법의 행위에서 난 것이 아니요 오직 예수 그리스도를 믿음으로 말미암는 줄 아는 고로 우리도 그리스도 예수를 믿나니 이는 우리가 율법의 행위에서 아니고 그리스도를 믿음으로써 의롭다 함을 얻으려 함이라 율법의 행위로서는 의롭다 함을 얻을 육체가 없느니라 (갈 2:16)

율법의 행위 자체는 의롭지 않다. 오히려 저주 아래 있다.^{갈 3:10, 갈 5:4} 그리스도로 말미암은 믿음이 필요하다. 그리스도께 인도되기 전까지는 믿음은 없고 율법에 매인 상태이다.^{갈 5:3}

계시될 믿음

믿음은 오기 전과 후로 명백히 구분된다.

> 믿음이 오기 전에 우리가 율법 아래 매인 바 되고 계시될 믿음의 때까지 갇혔느니라 (갈 3:23)

믿음이 오기 전에는 사람이 도덕적이고 종교적인 죄의식만 가득한 채 산다. 신앙생활이 제거해주지 못한다. 외형적일 뿐 내면은 변화가 없다. 계시된 믿음이 와야만 한다. 계시는 덮개를 제거하고 이전에 알려지지 않은 것을 나타내는 것이다.^{갈 1:16} 그리스도께서 보여주실 수 있다. 대상이 있다. 율법의 안내를 받아서 하나님께 범한 죄를 후회하고^{행 20:21, 26:20, 고후 7:10} 뉘우치는 사람이다.^마

21:30, 시 51:17, 사 66:2 하나님께서 용서해 주시기를 간절히 바라는 사람이다. 마 11:27, 눅 10:22, 요 5:20, 6:40, 14:6, 골 3:17

자기 스스로 노력하여 믿는 믿음은 쉽게 넘어진다. 견고하지 못하고 흔들린다. 때로 의심한다. 자의적(恣意的, 제멋대로 하는) 믿음이기 때문이다. 하나님의 말씀을 따르지 않고 자기 마음대로 믿는다.

진정한 믿음은 하나님의 아들께서 내 안에 들어오실 때 시작된다.

> 내가 그리스도와 함께 십자가에 못 박혔나니 그런즉 이제는 내가 산 것이 아니요 오직 내 안에 그리스도께서 사신 것이라 이제 내가 육체 가운데 사는 것은 나를 사랑하사 나를 위하여 자기 몸을 버리신 하나님의 아들을 믿는 믿음 안에서 사는 것이라 (갈 2:20)

'하나님의 아들을 믿는 믿음'의 바른 번역은 '하나님의 아들 안에 있는 믿음'이다.

'예수 안의 믿음'이라는 말씀은 성경에 많다.

> 그 이름을 믿으므로 그 이름이 너희 보고 아는 이 사람을 성하게 하였나니 예수로 말미암아 난 믿음(Yes, the faith which comes through Him)이 너희 모든 사람 앞에서 이같이 완전히 낫게 하였느니라 (행 3:16)

계시될 믿음 57

영어성경은 '그렇다, 예수로 말미암아 온 믿음이 너희 모든 사람 앞에서 이같이 완전히 낫게 하였느니라'이다. 믿음은 예수로 말미암아 난다.

다른 표현도 있다.

> 곧 예수 그리스도를 믿음으로 말미암아(through faith in Jesus Christ) 모든 믿는 자에게 미치는 하나님의 의니 차별이 없느니라 (롬 3:22)

'예수 그리스도를 믿음으로 말미암아'의 바른 번역도 '예수 그리스도 안의 믿음으로 말미암아'이다. 믿음이 그리스도 안에 있다.

사도행전 24장 24절, 갈라디아서 3장 22절과 26절도 모두 '예수 그리스도 안의 믿음'이 바른 번역이다.

또 다른 성경 에베소서 1장 15절, 빌립보서 3장 9절, 골로새서 1장 4절, 2장 5절 등도 모두 '예수 그리스도 안의 믿음'이다(NKJV).

예수의 제자들이 믿음을 이해할 때는 당연히 '예수 그리스도로 말미암아 온 믿음'이다.

중심적인 바탕은 '믿음이 하나님의 아들 안에 있다'이다. 믿음은 그리스도 안에만 있지 스스로 노력하여 이루는 믿음은 없다. 이루지 못하고 낙심하거나

타락하는 이유이다. 믿음을 성취하려는 노력은 '믿음이 그리스도 안에 있다'와 상반된다. 기본적인 개념이 왜곡되면 절대로 결과를 보장하지 않는다. 숙고한 다면 분명히 알 수 있다.

바울이 디모데에게 전한 믿음도 그렇다.

> 우리는 미쁨이 없을지라도 주는 일향 미쁘시니 자기를 부인하실 수 없으시리라 (딤후 2:13)

미쁨은 믿음이다. 바울이나 디모데마저도 그들 스스로에게는 믿음이 없다고 고백한다.

주께서는 늘 자기 백성을 향한 변함없는 믿음을 가지고 계신다. 주께서 스스로 부인하실 수 없는 믿음 속에 계신다. 그리스도께서 계시하시는 믿음은 확실하게 마음의 짐을 벗어 편히 쉬게 하신다.^{마 11:28} 고단한 행로에서 돌아와 영원한 본향에^{히 11:14} 안착하는 평안을 주신다. 하나님께 죄를 지은 사람이 누릴 수 있는 최고의 위로이다.

믿음은 그리스도로 말미암아 계시된다.
율법으로 죄가 드러난 후에 온다.

누구든지 그리스도 안에 있으면

그리스도는 헬라어에서 들어온 외래어이다. 히브리어에 뿌리를 두고 있다. 전 세계 모든 언어에서 통용하는 단어이다.

그리스도를 아는 지식은 단순한 듯 보이지만 여러 면으로 많은 내용이 있다. 예수께서 그리스도라는 이해는 시작에 불과하다. 시간을 초월하고 언어와 나라도 초월해서 연결된다. 하늘과 땅도 그 안에 속해 있다. 사람과 개인적인 의미를 가지고 이어져 있다. 그래서 다면적으로 접근할 수도 있고 한 면을 조명해서 전체를 볼 수도 있다. 핵심적인 초점을 중심으로 살펴 나가면 가려져 있던 모든 면이 펼쳐진다.

성경은 그리스도라는 큰 틀에서 시작되고 끝을 맺는다. 하나씩 짚어 보면 모두가 그 안에 있다. 살펴보면 살펴볼수록 집중되어 있다. 직접적으로나 간접적으로 모두 다 같은 방향으로 진행된다. 그리스도를 직접적으로 표현하는 구절을 모으기만 해도 이해할 수 있을 정도이다. 의미상 연관된 구절을 모아 보면 많은 내용을 함축적으로 알아볼 수 있도록 도움을 준다.

예수를 따르던 제자들도 처음에는 그리스도를 밝히 알지 못했다. 때가 되면 갑자기 눈이 밝아진다. 누구든지 그들처럼 알 수 있게 된다.

고린도후서 5장

고린도후서 5장을 읽어 보자. '장막 집'은 육체를 가지고 사는 이 세상 생활을 뜻하고 '하늘로부터 오는 영원한 처소'는 죽은 뒤에 온다. 그리스도를 염두에 두고 읽어야 궤도를 벗어나지 않는다.

만일 땅에 있는 우리의 장막 집이 무너지면 하나님께서 지으신 집 곧 손으로 지은 것이 아니요 하늘에 있는 영원한 집이 우리에게 있는 줄 아나니 과연 우리가 여기 있어 탄식하며 하늘로부터 오는 우리 처소로 덧입기를 간절히 사모하노니 이렇게 입음은 벗은 자들로 발견되지 않으려 함이라 이 장막에 있는 우리가 짐 진 것 같이 탄식하는 것은 벗고자 함이 아니요 오직 덧입고자 함이니 죽을 것이 생명에게 삼킨 바 되게 하려 함이라 곧 이것을 우리에게 이루게 하시고 보증으로 성령을 우리에게 주신 이는 하나님이시니라 그러므로 우리가 항상 담대하여 몸에 거할 때에는 주와 따로 거하는 줄을 아노니 이는 우리가 믿음으로 행하고 보는 것으로 하지 아니함이로라 우리가 담대하여 원하는 바는 차라리 몸을 떠나 주와 함께 거하는 그것이니라 그런즉 우리는 거하든지 떠나든지 주를 기쁘시게 하는 자가 되기를 힘쓰노라 이는 우리가 다 반드시 그리스도의 심판대 앞에 드러나 각각 선악간에 그 몸으로 행한 것을 따라 받으려 함이라 우리가 주의 두려우심을 알므로 사람을 권하노니 우리가 하나님 앞에 알리워졌고 또 너희의 양심에도 알리워졌기를 바라노라 우리가 다시 너희에게 자천하는 것이 아니요 오직 우리를 인하여 자랑할 기회를 너희에게 주어 마음으로 하지 않고 외모로 자랑하는 자들을 대하게 하려 하는 것이라 우리가 만일 미쳤어도 하나님을 위한 것이요 만일 정신이 온전하여도 너희를 위한 것이니 그리스도의 사랑이 우리를 강권하시는도다 우리가 생각건대 한 사람이 모든 사람을 대신하여 죽었은즉 모든 사람이 죽은 것이라 저가 모든 사람을 대신하여 죽으심은 산 자들로 하여금 다시는 저희 자신을 위하여 살지 않고 오직 저희를 대신하여 죽었다가 다시 사신 자를 위하여 살게 하려 함이니라 그러므로 우리가 이제부터는 아무 사람도 육체대로 알지 아니하노라 비록 우리가 그리스도도 육체대로 알았으나 이제부터는 이같이 알지 아니하노라 그런즉 누구든지 그리스도 안에 있으면 새로운 피조물이라 이전 것은 지나갔으니 보라 새 것이 되었도다 모든 것이 하나님께로 났나니 저가 그리스도로 말미암아 우리를 자기와 화목하게 하시고 또 우리에게 화목하게 하는 직책을 주셨으니 이는 하나님께서 그리스도 안에 계시사 세상을 자기와 화목하게 하시며 저희의 죄를 저희에게 돌리지 아니하시고 화목하게 하는 말씀을 우리에게 부탁하셨느니라 이러므로 우리가 그리스도를 대신하여 사신이 되어 하나님이 우리로 너희를 권면하시는 것 같이 그리스도를 대신하여 간구하노니 너희는 하나님과 화목하라 하나님이 죄를 알지도 못하신 자로 우리를 대신하여 죄를 삼으신 것은 우리로 하여금 저의 안에서 하나님의 의가 되게 하려 하심이니라 (고후 5:1-21)

이 짧은 말씀 속에 '그리스도의 심판대', '그리스도의 사랑', '그리스도도 육체대로 알았으나', '누구든지 그리스도 안에 있으면', '그리스도로 말미암아', '하나님께서 그리스도 안에 계시사', '우리가 그리스도를 대신하여 사신이 되어', '그리스도를 대신하여 간구하노니'와 같은 묵직한 주제들이 자리 잡고 있다. 물론 다른 주제도 많이 담겨 있다.

고린도후서 5장 17절

먼저 고린도후서 5장 17절에서 시작해 보자.

'그런즉 누구든지 그리스도 안에 있으면 새로운 피조물(new creation)이라 이전 것은 지나갔으니 보라 새 것이 되었도다'

'새로운 피조물'은 '새로운 창조'로도 번역할 수 있다. 창조의 주체이신 하나님을 중심으로 하면 '새로운 창조(創造)'이고 그 대상을 칭하면 '새로운 피조물(被造物)'이다. 갈라디아서 6장 15절 '새로 지으심을 받은 자'와 동일한 단어이다. '창조하는 활동'이라는 뜻도 포함하고 있다.

창조하는 활동의 영향을 받은 새로운 피조물은 '이전 것'은 지나가고 '새 것'이 되는 일이 이루어진 사람이다. 좀 더 풀어서 해석한다면 '이전의 것들은 지나갔고 모든 것들은 새 것이 되었다'이다. 지나가는 것과 새로워진 것이 동시에 이루어진 사건으로 완료된 사건이다. 하나는 이루어지고 하나는 미래에 이루어질 미완성 상태가 아니다.

조건은 '그리스도 안에 있으면'이다.

새로운 세상이 오면 과거는 통틀어 묶어서 '기억되지 않을 이전 일'이다. 하나님께서는 벌써 오래 전에 선지자 이사야를 통해 '이전 것이 지나갔다'고 말씀하셨다.

> 너희는 이전 일을 기억하지 말며 옛적 일을 생각하지 말라(Do not remember the former things, Nor consider the things of old) (사 43:18)

> 보라 내가 새 하늘과 새 땅을 창조하나니 이전 것은 기억되거나 마음에 생각나지 아니할 것이라 (사 65:17)

과거에 매달려 살면 초라하다. 현실을 비관하며 살아서는 아무런 도움이 되지 못한다. 이룬 일을 내세워도 허무하다. 이런 모든 일을 넘어서는 것이 '앞에 놓인 일'이다. 기대되는 일을 앞에 두고 있으면 즐거움이 있다. 기다림은 신선하다. 하물며 하늘에 속한 기다림을 가진 이의 여유는 하나님께서 주신 것이다. 하나님께서는 지난 일을 잊고 앞에 있는 새로운 세상을 보라고 말씀하신다. 그 바탕에는 하나님의 용서가 있다. 사람이 생각하는 차원을 넘어선다.

> 여호와께서 말씀하시되 오라 우리가 서로 변론하자 너희 죄가 주홍 같을지라도 눈과 같이 희어질 것이요 진홍 같이 붉을지라도 양털 같이 되리라 (사 1:18)

> 그들이 다시는 각기 이웃과 형제를 가리켜 이르기를 너는 여호와를 알라 하지 아니하리니 이는 작은 자로부터 큰 자까지 다 나를 앎이니라 내가 그들의 죄악을 사하고 다시는 그 죄를 기억지 아니하리라 여호와의 말이니라 (렘 31:34)

> 나 곧 나는 나를 위하여 네 허물을 도말하는 자니 네 죄를 기억지 아니하리라 (사 43:25)

죄를 용서하시고 다시는 기억지 아니하신다. '주홍 같을지라도 눈과 같이 희어질 것이요 진홍 같이 붉을지라도 양털 같이 되리라' 말씀하신다. 죄를 도말하신다. 도말(塗抹)은 강력한 단어이다. '완전히 없애 버림'이다.

하나님께서는 인생과 다르시다.^{민 23:19} 후회하지 않으시고 말씀하신 바를 실행하신다. '여호와의 말이니라'^{렘 31:34, 사 43:17, 1:18, 65:25} 로 덧붙여 말씀하신 것은 하나님의 권위로 보증하시는 것이다. 절대적이시다. 인장으로 인치듯^{창 41:42, 에 8:2, 8, 10, 단 6:17} 보증하신다.

고린도후서 5장 17절은 하나님께서 이루신 일을 보고 감동으로 외치는 말이다. '보라'는 감탄사이다. '새 것이 되었도다'는 완료된 상태이다. '보라 모든 것이 새 것이 되었도다'이다. '하나님께서 나를 새롭게 만들어 주셨다' 외치는 소리이다.

새로운 피조물이 될 수 있는 대상은 제한도 없고 차별도 없다. '누구든지'라는 말씀이 입증한다.

하나님께서는 이런 이들을 위해 일하고 계신다.

아버지께서 일하시니 나도 일한다

예수께서 '내 아버지께서 이제까지 일하시니 나도 일한다'고 말씀하시자 요 5:17 유대인들은 그를 죽이려 했다. 요 5:18 하나님을 아버지라 불렀다는 이유다. 그러나 예수께서 하신 말씀은 '아버지께서 이제까지 일하시니 나도 일한다'이다. 사람들은 예수께서 하신 말씀의 진의를 파악하지 못했다. 자신들을 도우려 하신 말씀을 왜곡하고 해하려고 했다. 경직된 사고를 가지고 있으면 좁은 마음으로 실수를 범한다. 오해로 인해 핵심을 벗어난다. 자신에게 손해가 된다. 얼마나 중요한 내용을 지나치고 있는지도 모른다. 본질을 벗어나면 결과를 보장받을 수 없다. 요 5:29, 38, 42, 45

예수께서 말씀하신 요한복음 5장 17절을 직역하면 '내 아버지께서 지금까지 일을 하고 계신다. 그리고 나도 하던 일을 계속 하고 있다(My Father has been working until now, and I have been working)'이다.

하나님께서 모든 사람이 새사람이 되기를 원하신다. 롬 1:16, 3:22, 딤전 2:4 이제까지 모든 믿는 자들을 새롭게 하셨고 골 3:10 지금도 하시는 일을 나타내시고자 하신다. 요 9:3

다만 문제는 이 세상의 끝이 이른다는 점이다.

세상의 끝

세상은 마지막 날이 있다.요 6:38-44, 12:48 마지막 때로단 11:35, 12:4, 9 부르기도 한다. 세상의 끝이다.마 13:39, 40, 49, 24:3, 28:20

세상의 끝은 징조로 알 수 있다.

> 예수께서 감람 산 위에 앉으셨을 때에 제자들이 조용히 와서 가로되 우리에게 이르소서 어느 때에 이런 일이 있겠사오며 또 주의 임하심과 세상 끝에는 무슨 징조가 있사오리이까 예수께서 대답하여 가라사대 너희가 사람의 미혹을 받지 않도록 주의하라 많은 사람이 내 이름으로 와서 이르되 나는 그리스도라 하여 많은 사람을 미혹케 하리라 난리와 난리 소문을 듣겠으나 너희는 삼가 두려워 말라 이런 일이 있어야 하되 끝은 아직 아니니라 민족이 민족을, 나라가 나라를 대적하여 일어나겠고 처처에 기근과 지진이 있으리니 이 모든 것이 재난의 시작이니라 (마 24:3-8)

사람을 미혹해서 혼돈하게 만든다. 주의하지 않으면 타락하고 상업화된 종교에 빠지게 된다. 민족 간의 전쟁이 많아진다. 물론 국가 간의 전쟁도 많다. 곳곳에 자원의 고갈로 인한 굶주림이 만연하고 악성전염병이계 16:10, 11 번진다.

지진이 곳곳에 발생한다.

세상의 끝을 알리는 징조는 이미 모두 나타났다. 지금은 말세이다(the ends of ages 고전 10:11, last times 벧전 1:20, last hour 요일 2:18). 세상은 홀연히 (뜻하지 아니하게) 끝날 것이다.살전 5:3, 벧후 3:10, 마 24:3, 38-44

사람에게도 끝이 있다. 한 사람에게 끝은 마지막 호흡을 거두는 순간이다. 사 2:22, 전 3:19, 시 146:4, 104:29 죽는 순간이 이 세상에서는 끝이다. 새사람이 되는 일은 호흡을 거두기 전에 이루어져야 한다.

> 만물의 마지막이 가까웠으니 그러므로 너희는 정신을 차리고 근신하여 기도하라 (벧전 4:7)

사람은 제한된 시간 속에 살기 때문이다.

사람이 살고 있는 시간은 하나님의 시간과는 다르다.시 90:4, 벧후 3:8 사람은 하나님께서 만드신 시간 속에창 1:14-18 살고 있다. 사람은 년수(days of life)가 정해져 있다.시 90:10 무한정 살 수 없다.

시간(時間)은 어느 때로부터 어느 때까지의 간격이다. 전도서는 시간을 때라고 한다.

> 천하에 범사가 기한이 있고 모든 목적이 이룰 때(time)가 있나니
> (전 3:1)

사람에게는 하나님께서 주시는 때가 있다.

> 여호와여 열납하시는 때(time)에 나는 주께 기도하오니 하나님이여 많은 인자와 구원의 진리로 내게 응답하소서 (시 69:13)

> 가라사대 내가 은혜 베풀 때(time)에 너를 듣고 구원의 날에 너를 도왔다 하셨으니 보라 지금은 은혜 받을 만한 때(time)요 보라 지금은 구원의 날이로다 (고후 6:2)

사람이 새로운 피조물이 되는 것은 많은 시간 동안 많은 종교 활동을 통해서 이루어지는 것이 아니다. 지금이 바로 새롭게 변할 수 있는 때이다. 하나님과 예수님께서 일하고 계실 때 변화를 받아야 한다. 예기치 않을 때 세상의 끝이 다가올 수 있다.

그런즉

'그런즉'은 묘한 여운을 던지는 단어이다. 어떤 결론을 담백하게 던져 놓고 결단을 부드럽게 요구하는 분위기를 가지고 있다.

고린도후서 5장 17절이 '그런즉'으로 시작된다. 선을 이어 연결시켜주는 구절은 15절의 '모든 사람을 대신하여 죽으심'이다. 이 구절은 다시 14절의 '그리스도의 사랑'과 연결된다. 구절의 배열을 되돌려 읽으면 '그런즉'과 연계된 단어를 볼 수 있다.

> 그리스도의 사랑이 우리를 강권하시는도다 우리가 생각건대 한 사람이 모든 사람을 대신하여 죽었은즉 모든 사람이 죽은 것이라 (고후 5:14)

> 저가 모든 사람을 대신하여 죽으심은 산 자들로 하여금 다시는 저희 자신을 위하여 살지 않고 오직 저희를 대신하여 죽었다가 다시 사신 자를 위하여 살게 하려 함이니라 (고후 5:15)

> 그러므로 우리가 이제부터는 아무 사람도 육체대로 알지 아니하노라 비록 우리가 그리스도도 육체대로 알았으나 이제부터는 이같이 알지 아니하노라 (고후 5:16)

> 그런즉 누구든지 그리스도 안에 있으면 새로운 피조물이라 이전 것은 지나갔으니 보라 새 것이 되었도다 (고후 5:17)

'그리스도의 사랑'은 '모든 사람을 대신하여 죽으심'이고 '그런즉' '누구든지 그리스도 안에 있으면 새로운 피조물'이다. 그리스도로 말미암아 사람이 하나님께 화목하게 된다. 화목(和睦)은 '하나님의 은혜로 변화되어 화해됨'이다.

모든 것이 하나님께로 났나니 저가 그리스도로 말미암아 우리를 자기
와 화목하게 하시고 또 우리에게 화목하게 하는 직책을 주셨으니
(고후 5:18)

'그런즉'은 '누구든지(고후 5:17)'를 '그리스도(고후 5:14, 15)'에게 연결시켜 주는 고리이다.

그리스도

그리스도는 인정을 받은 직위와[롬 1:4, 행 2:36] 세력을 가진 직분을[롬 8:11, 14:9] 통칭하는 호칭이다.[마 1:16] 외형적인 실체와 내면적인 역할을 포괄한다. 밖으로 드러나는 일로 인해서 그리스도로 여기기도 하고 그리스도이기 때문에 드러나는 권위도 있다. 신약의 요한삼서를 제외한 모든 성경에 그리스도라는 단어가 있다. 메시야[요 1:41, 4:25, 단 9:25, 26]로 부르기도 한다. 구약의 히브리어는 대부분 '기름 부음을 받은 자'[레 4:3, 삼상 2:10, 대상 16:22, 시 2:2]로 부른다.

예수를[마 1:1, 행 2:32, 롬 1:1, 계 1:1] 그리스도라 부른다.[행 5:42, 9:22, 18:5, 28, 요일 2:22, 5:1]

하나님의 아들

그리스도는 '하나님의 아들'이다. 누구든지 그리스도라 부를 때는 그 안에 하나님의 아들이라는 인식을 포함한다.[마 16:16, 26:63, 막 1:1, 눅 4:41, 요 11:27, 20:31]

예수는 자신이 하나님의 아들 그리스도임을 인정해서 대제사장과 유대인들에게 죽임을 당하셨다.^{막 14:61-65, 눅 22:67-71}

> 예수께서 잠잠하시거늘 대제사장이 가로되 내가 너로 살아 계신 하나님께 맹세하게 하노니 네가 하나님의 아들 그리스도인지 우리에게 말하라 예수께서 가라사대 네가 말하였느니라 그러나 내가 너희에게 이르노니 이 후에 인자가 권능의 우편에 앉은 것과 하늘 구름을 타고 오는 것을 너희가 보리라 하시니 이에 대제사장이 자기 옷을 찢으며 가로되 저가 참람한 말을 하였으니 어찌 더 증인을 요구하리요 보라 너희가 지금 이 참람한 말을 들었도다 생각이 어떠하뇨 대답하여 가로되 저는 사형에 해당하니라 하고 이에 예수의 얼굴에 침 뱉으며 주먹으로 치고 혹은 손바닥으로 때리며 가로되 그리스도야 우리에게 선지자 노릇을 하라 너를 친 자가 누구냐 하더라 (마 26:63-68)

대제사장은 예수께서 하나님의 아들이라는 말에 옷을 찢으며 참람한 말이라고 분개한다.^{마 26:65, 막 14:61-65, 눅 22:70, 71}

하지만 예수께서는 하나님의 아들이시다. 예수께서 세례 받으실 때^{마 3:17, 막 1:11, 눅 3:22} 하늘에서 '내 사랑하는 아들이요 내 기뻐하는 자'라는 소리가 있었다. 제자들과 높은 산에 올라가시고 옷이 빛과 같이 희어졌을 때에도^{마 17:5, 막 9:7, 눅 9:35, 벧후 1:16-18} '이는 내 사랑하는 아들이요 내 기뻐하는 자니 너희는 저의 말을 들으라'라는 소리가 났다. 예수는 하나님께서 사랑하시는 아들이시다.^{요 3:35, 요 5:20}

예수는 하늘에서 오셨다.요 3:13 하늘에서 하나님과 함께 계시던 말씀이셨다.요 1:1, 2 말씀이 육체로 오신 분이 예수님이시다.눅 1:35, 요일 4:2

"이는 하늘에서 증거하시는 이가 세 분이시니, 아버지와 말씀과 성령이시요, 이 세 분은 하나이시라. (For there are three that bear record in heaven, the Father, the Word, and the Holy Ghost: and these three are one.") (KJV, 요일 5:7)

말씀이 육신이 되어 우리 가운데 거하시매 우리가 그 영광을 보니 아버지의 독생자의 영광이요 은혜와 진리가 충만하더라 (요 1:14)

죄인을 구하려고 육신을 입고 이 땅에 오셨다.

아들을 낳으리니 이름을 예수라 하라 이는 그가 자기 백성을 저희 죄에서 구원할 자이심이라 하니라 (마 1:21)

미쁘다 모든 사람이 받을 만한 이 말이여 그리스도 예수께서 죄인을 구원하시려고 세상에 임하셨다 하였도다 죄인 중에 내가 괴수니라
(딤전 1:15)

예수께서 들으시고 저희에게 이르시되 건강한 자에게는 의원이 쓸 데 없고 병든 자에게라야 쓸 데 있느니라 내가 의인을 부르러 온 것이 아

니요 죄인을 부르러 왔노라 하시니라 (막 2:17)

제자들은 예수께서 하나님의 아들이심을 알고 따랐고 $^{마\ 14:33,\ 막\ 1:1,\ 15:39,\ 눅\ 1:32,}$ $^{요\ 1:49,\ 20:31,\ 행\ 9:20,\ 요일\ 5:10}$ 시험하던 마귀는 하나님의 아들을 이기지 못하고 물러선다. $^{마\ 4:1-11,\ 8:29,\ 막\ 3:11,\ 눅\ 4:1-13,\ 4:41}$ 대제사장들과 서기관들과 장로들은 하나님의 아들을 조롱했다. $^{마\ 27:41-43,\ 히\ 10:29,\ 요일\ 5:10}$

그리스도의 증인

하나님의 아들 예수 그리스도를 증거하는 많은 증인이 있다. 증인은 문자적인 의미에서 법적으로 책임 있는 증거를 가진 사람이다. 가장 신뢰가 높은 증인은 목격자이다. 예수의 제자들이 그리스도의 목격자들이다. $^{눅\ 1:2,\ 벧후\ 1:16}$

제자들이 '우리가 다 이 일에 증인이로다' $^{행\ 2:32,\ 3:15,\ 5:32,\ 10:39}$ 하는 전파에 하루에 삼천 명이 그리스도의 제자가 되었다. $^{행\ 2:41}$

이 증인의 중추적인 제자가 베드로이다.

그는 예수를 향해 '주는 그리스도시요 살아계신 하나님의 아들이시니이다' $^{마\ 16:16,\ 막\ 8:29,\ 눅\ 9:20}$ 라고 처음으로 고백한 제자이다. 가이사랴 빌립보 지방에 서 있었던 일이다.

그러나 문제를 일으킨다. 예수께서 예루살렘에서 죽임을 당해야 한다는 말씀에 '주여 그리 마옵소서' 했다가 사단이라는 책망을 받는다.마 16:21-23, 막 8:31-38 예수께서 대제사장의 집에 끌려 가셨을 때는 저주하면서 예수를 부인한다.마 26:69-75, 막 14:66-72, 눅 22:54-61, 요 18:25-27

그래도 베드로는 예수를 판 가룟 유다마 27:3-5보다는 낫다.

가룟 유다는 돈 궤를 맡았던 제자인데 돈을 훔쳐 가던 도적이었다.요 12:6 예수께서 '네가 나를 팔리라'고 말씀하실 때도 돌이키지 않았다.마 26:21-25, 막 14:18-21, 눅 22:21-23, 요 13:21-30 결국 사단이 그에게 들어갔고요 13:27 예수를 은 삼십에 팔았다. 뉘우치기는 했으나 스스로 해결하려 하다가 실패하고 목매어 죽었다.마 27:3-5 배가 터져 창자가 다 흘러나온 상태로 죽었다.행 1:16-19, 마 27:5-8

죄를 지은 내용으로만 본다면 베드로도 나쁘다.마 26:74, 막 14:71 그러나 가룟 유다와 달리 예수께서 하신 말씀이 생각나서 심히 통곡했다.마 26:75, 막 14:72, 눅 22:62 기도하며 기다렸다.행 1:4, 12-14 오순절에 성령이 임하고행 2:1-8 완전히 바뀐다. 성령의 세례를 받고 마 3:11, 막 1:8, 눅 3:16, 요 1:33, 행 1:5 죄 사함을 받은행 2:38, 5:31, 10:43, 13:38, 엡 1:7, 골 1:14 후에 완전히 다른 사람이 된다. 비열하게 어린 여종(婢子 비자) 앞에서 예수를 모른다고 하던 그가마 26:69, 막 14:66, 눅 22:56 이제는 예수 그리스도를 당당히 증거한다. 위협하는 관원과 장로들과 대제사장들 앞에서도 당당하다.행 4:5-10

베드로는 초라한 배경을 가진 사람이다. 배운 것이 별로 없는행 4:13 갈릴리의 어부이다.^막 1:16 당시 유대인들은 예루살렘이나 베들레헴 이외 지역 출신은 중요하게 생각하지 않았다.^눅 2:22, 마 2:6, 요 1:46 예루살렘에 있는 대제사장들은 아론의 혈통을 이어받은 최고의 권력자들이다.^요 11:57, 행 5:21, 행 26:12 대를 이어온 종교 지도자들이다. 장로와 서기관들도 마찬가지다. 종교계 대표적 인사들이다. 그런데 성령을 받은 베드로가 그들에게 예수 그리스도를 가르친다.^행 4:8-12

> 이튿날에 관원과 장로와 서기관들이 예루살렘에 모였는데 대제사장 안나스와 가야바와 요한과 알렉산더와 및 대제사장의 문중이 다 참예하여 사도들을 가운데 세우고 묻되 너희가 무슨 권세와 뉘 이름으로 이 일을 행하였느냐 이에 베드로가 성령이 충만하여 가로되 백성의 관원과 장로들아 만일 병인에게 행한 착한 일에 대하여 이 사람이 어떻게 구원을 얻었느냐고 오늘 우리에게 질문하면 너희와 모든 이스라엘 백성들은 알라 너희가 십자가에 못 박고 하나님이 죽은 자 가운데서 살리신 나사렛 예수 그리스도의 이름으로 이 사람이 건강하게 되어 너희 앞에 섰느니라 이 예수는 너희 건축자들의 버린 돌로서 집 모퉁이의 머릿돌이 되었느니라 다른 이로서는 구원을 얻을 수 없나니 천하 인간에 구원을 얻을 만한 다른 이름을 우리에게 주신 일이 없음이니라 하였더라 저희가 베드로와 요한이 기탄 없이 말함을 보고 그 본래 학문 없는 범인으로 알았다가 이상히 여기며 또 그 전에 예수와 함께 있던 줄도 알고 또 병 나은 사람이 그들과 함께 섰는 것을 보고 힐난할 말이 없는지라 명하여 공회에서 나가라 하고 서로 의논하여 가로되 이 사람들을 어떻게 할꼬 저희로 인하여 유명한 표적 나타난 것이 예루살렘에 사는 모

든 사람에게 알려졌으니 우리도 부인할 수 없는지라 이것이 민간에 더 퍼지지 못하게 저희를 위협하여 이 후에는 이 이름으로 아무 사람에게도 말하지 말게 하자 하고 그들을 불러 경계하여 도무지 예수의 이름으로 말하지도 말고 가르치지도 말라 하니 베드로와 요한이 대답하여 가로되 하나님 앞에서 너희 말 듣는 것이 하나님 말씀 듣는 것보다 옳은가 판단하라 우리는 보고 들은 것을 말하지 아니할 수 없다 하니 관원들이 백성을 인하여 저희를 어떻게 벌할 도리를 찾지 못하고 다시 위협하여 놓아 주었으니 이는 모든 사람이 그 된 일을 보고 하나님께 영광을 돌림이러라 (행 4:5-21)

사도와 제자들은 자신이 그리스도의 증인임을 당연하게 여겼다.^{행 1:8, 2:32, 3:15, 5:32, 42, 10:39, 41} 세상의 권세나^{엡 1:17-23} 지식을^{딤전 6:20} 넘어선 그리스도의 증인이 된다.

그들의 증거를 믿고 허다한 무리가^{행 14:1, 히 11:12, 12:1, 계 12:9-14} 그리스도의 증인이 되었다. 결국은 많은 수의 제사장 무리도 이 도(道, faith, 믿음)를 따랐다.^{행 6:7} 예수 그리스도를 증거하는 증인들의 전파는 지금까지 이어져 왔다.^{막 13:10, 행 8:5, 9:20, 11:20, 롬 1:8, 10:15} 이 행렬은 그리스도께서 다시 오실^{요 14:3, 행 1:11, 히 9:28, 살후 2:1-8, 벧후 3:3-10, 계 22:20} 마지막 날까지^{단 11:35, 요 6:39-44, 54, 12:48, 고전 15:51, 벧전 4:7} 계속될 것이다.^{마 24:13, 14 행 1:8, 히 3:14, 계 2:26, 11:3, 17:6}

그리스도의 죽으심

사람들이 목숨의 위협을 받으면서도 그리스도를 증거한 밑바탕에는 그리스도의 죽으심이 있다. 나 같은 죄인을 위해 죽으신 그리스도를 알면 모두 다 그렇게 된다.

성령이 임하기 전의 베드로는 '그리스도의 죽으심'이 어떤 중요한 의미를 가지고 있는지 전혀 몰랐다. '예수께서 그리스도'이시라고 고백하면서도 몰랐다.

베드로는 그리스도의 죽으심이 죄인을 위한 것임을 성령으로 알게 되었다.

> 그리스도께서도 한 번 죄를 위하여 죽으사 의인으로서 불의한 자를 대신하셨으니 이는 우리를 하나님 앞으로 인도하려 하심이라 육체로는 죽임을 당하시고 영으로는 살리심을 받으셨으니 (벧전 3:18)

> 너희가 알거니와 너희 조상의 유전한 망령된 행실에서 구속된 것은 은이나 금 같이 없어질 것으로 한 것이 아니요 오직 흠 없고 점 없는 어린 양 같은 그리스도의 보배로운 피로 한 것이니라 (벧전 1:18,19)

> 그리스도께서 이미 육체에 고난을 받으셨으니 너희도 같은 마음으로 갑옷을 삼으라 이는 육체의 고난을 받은 자가 죄를 그쳤음이니 (벧전 4:1)

베드로가 처음으로 유대인들과 예루살렘에 사는 무리를 향해[행 2:14] 증거한 내용이 '죄를 위해 죽으신 그리스도'이다. 많은 사람이 기쁜 마음으로 베드로의 말을 받아들이고 예수의 제자가 되었다.

> 그런즉 이스라엘 온 집이 정녕 알지니 너희가 십자가에 못 박은 이 예수를 하나님이 주와 그리스도가 되게 하셨느니라 하니라 저희가 이 말을 듣고 마음에 찔려 베드로와 다른 사도들에게 물어 가로되 형제들아 우리가 어찌할꼬 하거늘 베드로가 가로되 너희가 회개하여 각각 예수 그리스도의 이름으로 침례를 받고 죄 사함을 얻으라 그리하면 성령을 선물로 받으리니 이 약속은 너희와 너희 자녀와 모든 먼 데 사람 곧 주 우리 하나님이 얼마든지 부르시는 자들에게 하신 것이라 하고 또 여러 말로 확증하며 권하여 가로되 너희가 이 패역한 세대에서 구원을 받으라 하니 그 말을 받는 사람들은 침례를 받으매 이 날에 제자의 수가 삼천이나 더하더라 (행 2:36-41)

베드로는 이방인에게도 '죄를 위해 십자가에 달려 죽으신 그리스도'를 처음으로 전파한 사도이다. 당시에 이달리아대라 불리는 로마군 정규 보병대가 이스라엘 땅에 주둔하고 있었다. 소규모 부대 지휘관인 백부장 고넬료가 일가와 가까운 친구들을 함께 모으고 베드로를 청했다. 베드로는 '그리스도를 힘입어 죄 사함을 받는' 복음을 전했다. 그들도 유대인과 동일한 성령을 받았다.[행 10:1, 24, 34-44]

베드로가 입을 열어 가로되 내가 참으로 하나님은 사람의 외모를 취하지 아니하시고 각 나라 중 하나님을 경외하며 의를 행하는 사람은 하나님이 받으시는 줄 깨달았도다 만유의 주 되신 예수 그리스도로 말미암아 화평의 복음을 전하사 이스라엘 자손들에게 보내신 말씀 곧 요한이 그 침례를 반포한 후에 갈릴리에서 시작되어 온 유대에 두루 전파된 그것을 너희도 알거니와 하나님이 나사렛 예수에게 성령과 능력을 기름붓듯 하셨으매 저가 두루 다니시며 착한 일을 행하시고 마귀에게 눌린 모든 자를 고치셨으니 이는 하나님이 함께 하셨음이라 우리는 유대인의 땅과 예루살렘에서 그의 행하신 모든 일에 증인이라 그를 저희가 나무에 달아 죽였으나 하나님이 사흘만에 다시 살리사 나타내시되 모든 백성에게 하신 것이 아니요 오직 미리 택하신 증인 곧 죽은 자 가운데서 일어나신 후 모시고 음식을 먹은 우리에게 하신 것이라 우리를 명하사 백성에게 전도하되 하나님이 산 자와 죽은 자의 재판장으로 정하신 자가 곧 이 사람인 것을 증거하게 하셨고 저에 대하여 모든 선지자도 증거하되 저를 믿는 사람들이 다 그 이름을 힘입어 죄 사함을 받는다 하였느니라 베드로가 이 말 할 때에 성령이 말씀 듣는 모든 사람에게 내려 오시니 베드로와 함께 온 할례 받은 신자들이 이방인들에게도 성령 부어주심을 인하여 놀라니 이는 방언을 말하며 하나님 높임을 들음이러라 이에 베드로가 가로되 이 사람들이 우리와 같이 성령을 받았으니 누가 능히 물로 침례 줌을 금하리요 하고 명하여 예수 그리스도의 이름으로 침례를 주라 하니라 저희가 베드로에게 수일 더 유하기를 청하니라 (행 10:34-48)

그리스도께서 사람이 지은 죄를 위해[롬 5:8, 고전 15:3, 히 9:28] 자기 몸을 드리셨다.

> 우리가 아직 연약할 때에 기약대로 그리스도께서 경건치 않은 자를 위하여 죽으셨도다 의인을 위하여 죽는 자가 쉽지 않고 선인을 위하여 용감히 죽는 자가 혹 있거니와 우리가 아직 죄인 되었을 때에 그리스도께서 우리를 위하여 죽으심으로 하나님께서 우리에게 대한 자기의 사랑을 확증하셨느니라 (롬 5:6-8)

> 그의 죽으심은 죄에 대하여 단번에 죽으심이요 그의 살으심은 하나님께 대하여 살으심이니 (롬 6:10)

> 그리스도께서 하나님 곧 우리 아버지의 뜻을 따라 이 악한 세대에서 우리를 건지시려고 우리 죄를 위하여 자기 몸을 드리셨으니 (갈 1:4)

> 사람의 모양으로 나타나셨으매 자기를 낮추시고 죽기까지 복종하셨으니 곧 십자가에 죽으심이라 (빌 2:8)

그리스도의 죽으심은 하나님께 드리는 제사이다.

영원한 한 제사

사람이 드리는 제사는 완전하지 않다. 하나님을 기쁘시게 할 수 없다.[히 10:1-4]

하나님께는 온전한(완벽한) 제사가 드려져야 한다. 출 29:9, 히 7:21, 24, 7:28

> 제사장마다 매일 서서 섬기며 자주 같은 제사를 드리되 이 제사는 언제든지 죄를 없게 하지 못하거니와 오직 그리스도는 죄를 위하여 한 영원한 제사를 드리시고 하나님 우편에 앉으사 그 후에 자기 원수들로 자기 발등상이 되게 하실 때까지 기다리시나니 저가 한 제물로 거룩하게 된 자들을 영원히 온전케 하셨느니라 (히 10:11-14)

'한 영원한 제사'를 직역한다면 '죄들을 위한 영원한 한 제사'이다. 하나님께 딛 1:2, 요일 2:17, 렘 10:10 드려진 제사이다. 히 9:14, 13:20 그리스도의 피로 드리는 제사이다.

> 그리스도께서 너희를 사랑하신 것 같이 너희도 사랑 가운데서 행하라 그는 우리를 위하여 자신을 버리사 향기로운 제물과 생축으로 하나님께 드리셨느니라 (엡 5:2)

> 그리스도께서 우리를 위하여 저주를 받은 바 되사 율법의 저주에서 우리를 속량하셨으니 기록된 바 나무에 달린 자마다 저주 아래 있는 자라 하였음이라 (갈 3:13)

> 하나님이 죄를 알지도 못하신 자로 우리를 대신하여 죄를 삼으신 것은 우리로 하여금 저의 안에서 하나님의 의가 되게 하려 하심이니라 (고

후 5:21)

이제는 전에 멀리 있던 너희가 그리스도 예수 안에서 그리스도의 피로 가까워졌느니라 (엡 2:13)

우리가 그리스도 안에서 그의 은혜의 풍성함을 따라 그의 피로 말미암아 구속 곧 죄 사함을 받았으니 (엡 1:7)

그리스도께서 약하심으로 십자가에 못 박히셨으나 오직 하나님의 능력으로 살으셨으니 우리도 저의 안에서 약하나 너희를 향하여 하나님의 능력으로 저와 함께 살리라 (고후 13:4)

하물며 영원하신 성령으로 말미암아 흠 없는 자기를 하나님께 드린 그리스도의 피가 어찌 너희 양심으로 죽은 행실에서 깨끗하게 하고 살아 계신 하나님을 섬기게 못하겠느뇨 (히 9:14)

그리스도께서 드리신 제사는 사람이 하나님께 지은 죄를 사함 받는 제사이다.

또한 성령이 우리에게 증거하시되 주께서 가라사대 그 날 후로는 저희와 세울 언약이 이것이라 하시고 내 법을 저희 마음에 두고 저희 생각에 기록하리라 하신 후에 또 저희 죄와 저희 불법을 내가 다시 기억지

아니하리라 하셨으니 이것을 사하셨은즉 다시 죄를 위하여 제사 드릴 것이 없느니라 (히 10:15-18)

이 뜻을 쫓아 예수 그리스도의 몸을 단번에 드리심으로 말미암아 우리가 거룩함을 얻었노라 (히 10:10)

하나님께 온전한 제사를 드릴 수 없는 사실을 깨달은 사람이 다윗이다. 범죄한 다윗은 무슨 제사를 드린다 해도 하나님을 기쁘시게 할 수 없음을 알았다.

하나님이여 나의 구원의 하나님이여 피흘린 죄에서 나를 건지소서 주여 내 입술을 열어 주소서 내 입이 주를 찬송하여 전파하리이다 주는 제사를 즐겨 아니하시나니 그렇지 않으면 내가 드렸을 것이라 주는 번제를 기뻐 아니하시나이다 하나님의 구하시는 제사는 상한 심령이라 하나님이여 상하고 통회하는 마음을 주께서 멸시치 아니하시리이다 (시 51:14-17)

시편 51편은 다윗이 우리야의 아내 밧세바를 범한 후 선지자 나단이 와서 '당신이 그 사람이라'삼하 12:7 했을 때 쓴 글이다. 하나님께서 선지자를 통해 다윗이 하나님께 지은 죄를 드러내셨다. 다윗은 어떤 제사를 드려도 하나님께서 기뻐하지 않으실 것을 알았다.시 51:16 하나님께서는 제사를 원치 아니하시고 상하고 통회(痛悔 뉘우침)하는 마음을 긍휼히(矜恤 돌보아 줌) 여기신다는시 51:17, 마 9:13 고백이다.

예수께서 밝히 말씀하셨다.

> 너희는 가서 내가 긍휼을 원하고 제사를 원치 아니하노라 하신 뜻이 무엇인지 배우라 내가 의인을 부르러 온 것이 아니요 죄인을 부르러 왔노라 하시니라 (마 9:13)

그리스도께서 사람이 하나님께 지은 죄를 위해 영원한 한 제사를 드리셨다. 사람이 드리는 제사는 이제 필요하지 않다. 죄를 위하여 다시 제사드릴 것이 없다._{히 10:18}

그리스도의 죄 사함

레위기의 제사는 그리스도로 인해 받는 죄 사함의 그림자이다. '무슨 허물이든지 사함을 얻으리라' 말씀하신다. 사함(赦, 용서할 사)은 법률용어로 '죄를 용서하여 형벌을 면제함'이다.

> 제사장은 여호와 앞에서 그를 위하여 속죄한즉 그는 무슨 허물이든지 사함을 얻으리라 (레 6:7)

> 제사장은 그의 범한 죄를 위하여 그 속건제의 수양으로 여호와 앞에 속죄할 것이요 그리하면 그의 범한 죄의 사함을 받으리라 (레 19:22)

시편에서도 죄를 가리우심을 받는다고 말씀하셨다. 로마서에서 인용했다.

> 허물의 사함을 얻고 그 죄의 가리움을 받은 자는 복이 있도다 (시 32:1)

> 일하는 자에게는 그 삯을 은혜로 여기지 아니하고 빚으로 여기거니와 일을 아니할지라도 경건치 아니한 자를 의롭다 하시는 이를 믿는 자에게는 그의 믿음을 의로 여기시나니 일한 것이 없이 하나님께 의로 여기심을 받는 사람의 행복에 대하여 다윗의 말한 바 그 불법을 사하심을 받고 그 죄를 가리우심을 받는 자는 복이 있고 주께서 그 죄를 인정치 아니하실 사람은 복이 있도다 함과 같으니라 (롬 4:4-8)

예수께서 유월절에 제자들에게 하신 말씀이 죄 사함이다.

> 이것은 죄 사함을 얻게 하려고 많은 사람을 위하여 흘리는 바 나의 피 곧 언약의 피니라 (마 26:28)

세례 요한이 회개하라 외친 것도 죄 사함을 위해서이다.

> 요한이 요단 강 부근 각처에 와서 죄 사함을 얻게 하는 회개의 침례를 전파하니 (눅 3:3)

그리스도의 죄 사함은 죄인을 향한 사랑의 확증이다.

우리가 아직 죄인 되었을 때에 그리스도께서 우리를 위하여 죽으심으로 하나님께서 우리에게 대한 자기의 사랑을 확증하셨느니라 (롬 5:8)

내가 받은 것을 먼저 너희에게 전하였노니 이는 성경대로 그리스도께서 우리 죄를 위하여 죽으시고 (고전 15:3)

그리스도께서 하나님 곧 우리 아버지의 뜻을 따라 이 악한 세대에서 우리를 건지시려고 우리 죄를 위하여 자기 몸을 드리셨으니 (갈 1:4)

그리스도께서도 한 번 죄를 위하여 죽으사 의인으로서 불의한 자를 대신하셨으니 이는 우리를 하나님 앞으로 인도하려 하심이라 육체로는 죽임을 당하시고 영으로는 살리심을 받으셨으니 (벧전 3:18)

그리스도 안에서 죄 사함롬 3:24, 8:1, 39, 고전 1:30, 엡 2:5을 받는 하나님의 말씀은 훨씬 더 많다. 직접적인 내용과 비유를 포함해서 구약이나 신약 성경에 가득하다.

그리스도의 부활

부활은마 27:53, 54 행 1:22, 4:33, 벧전 3:21 예수께서 하나님의 아들이심을 확증하는 강력한 증거다. 죽은 자 가운데서 다시 살아나신 분은 예수 한 분 외에는 없다.요 11:25, 고전 15:20-22 십자가에서 죽임을 당하신 예수를 하나님께서 다시 살리

셨다. 행 2:32, 3:15, 5:30, 13:30, 롬 6:10, 고전 6:14, 15:15, 고후 13:4

성결의 영으로는 죽은 가운데서 부활하여 능력으로 하나님의 아들로 인정되셨으니 곧 우리 주 예수 그리스도시니라 (롬 1:4)

이스라엘 사람들아 이 말을 들으라 너희도 아는 바에 하나님께서 나사렛 예수로 큰 권능과 기사와 표적을 너희 가운데서 베푸사 너희 앞에서 그를 증거하셨느니라 그가 하나님의 정하신 뜻과 미리 아신 대로 내어 준 바 되었거늘 너희가 법 없는 자들의 손을 빌어 못 박아 죽였으나 하나님께서 사망의 고통을 풀어 살리셨으니 이는 그가 사망에게 매여 있을 수 없었음이라 다윗이 저를 가리켜 가로되 내가 항상 내 앞에 계신 주를 뵈었음이여 나로 요동치 않게 하기 위하여 그가 내 우편에 계시도다 이러므로 내 마음이 기뻐하였고 내 입술도 즐거워하였으며 육체는 희망에 거하리니 이는 내 영혼을 음부에 버리지 아니하시며 주의 거룩한 자로 썩음을 당치 않게 하실 것임이로다 주께서 생명의 길로 내게 보이셨으니 주의 앞에서 나로 기쁨이 충만하게 하시리로다 하였으니 형제들아 내가 조상 다윗에 대하여 담대히 말할 수 있노니 다윗이 죽어 장사되어 그 묘가 오늘까지 우리 중에 있도다 그는 선지자라 하나님이 이미 맹세하사 그 자손 중에서 한 사람을 그 위에 앉게 하리라 하심을 알고 미리 보는 고로 그리스도의 부활하심을 말하되 저가 음부에 버림이 되지 않고 육신이 썩음을 당하지 아니하시리라 하더니 이 예수를 하나님이 살리신지라 우리가 다 이 일에 증인이로다 (행 2:22-32)

그리스도께서 약하심으로 십자가에 못 박히셨으나 오직 하나님의 능력으로 살으셨으니 우리도 저의 안에서 약하나 너희를 향하여 하나님의 능력으로 저와 함께 살리라 (고후 13:4)

부활하신 그리스도께서는 하늘로 올리우사^{막 16:19, 20, 눅 24:50, 51, 행 1:9, 딤전 3:16} 하나님 우편에 앉아 계신다.

> 누가 정죄하리요 죽으실 뿐 아니라 다시 살아나신 이는 그리스도 예수시니 그는 하나님 우편에 계신 자요 우리를 위하여 간구하시는 자시니라 (롬 8:34)
> 오직 그리스도는 죄를 위하여 한 영원한 제사를 드리시고 하나님 우편에 앉으사 (히 10:12)

> 그러므로 너희가 그리스도와 함께 다시 살리심을 받았으면 위엣 것을 찾으라 거기는 그리스도께서 하나님 우편에 앉아 계시느니라 (골 3:1)

예수께서는 '내가 아버지께로 가는 것이(요 16:10) 너희에게 유익이라(요 16:7)'고 말씀하셨다. 영원한 처소가 예비되면^{요 14:3} 하나님 우편에 계신 그리스도께서^{시 110:1, 엡 1:20, 마 26:64, 막 16:19} 죄와 상관없이 다시 오셔서^{히 9:28} 영원한 집에^{시 23:6} 넉넉히 들어가도록 이끄실 것이다 (벧후 1:11).

너희는 마음에 근심하지 말라 하나님을 믿으니 또 나를 믿으라 내 아버지 집에 거할 곳이 많도다 그렇지 않으면 너희에게 일렀으리라 내가 너희를 위하여 처소를 예비하러 가노니 가서 너희를 위하여 처소를 예비하면 내가 다시 와서 너희를 내게로 영접하여 나 있는 곳에 너희도 있게 하리라 내가 가는 곳에 그 길을 너희가 알리라 도마가 가로되 주여 어디로 가시는지 우리가 알지 못하거늘 그 길을 어찌 알겠삽나이까 예수께서 가라사대 내가 곧 길이요 진리요 생명이니 나로 말미암지 않고는 아버지께로 올 자가 없느니라 너희가 나를 알았더면 내 아버지도 알았으리로다 이제부터는 너희가 그를 알았고 또 보았느니라 빌립이 가로되 주여 아버지를 우리에게 보여 주옵소서 그리하면 족하겠나이다 예수께서 가라사대 빌립아 내가 이렇게 오래 너희와 함께 있으되 네가 나를 알지 못하느냐 나를 본 자는 아버지를 보았거늘 어찌하여 아버지를 보이라 하느냐 나는 아버지 안에 있고 아버지는 내 안에 계신 것을 네가 믿지 아니하느냐 내가 너희에게 이르는 말이 스스로 하는 것이 아니라 아버지께서 내 안에 계셔 그의 일을 하시는 것이라 내가 아버지 안에 있고 아버지께서 내 안에 계심을 믿으라 그렇지 못하겠거든 행하는 그 일을 인하여 나를 믿으라 내가 진실로 진실로 너희에게 이르노니 나를 믿는 자는 나의 하는 일을 저도 할 것이요 또한 이보다 큰 것도 하리니 이는 내가 아버지께로 감이니라 (요 14:1-12)

부활하신 그리스도께서 하늘에서 기다리고 계신다. 하늘에 소망이 있게 하신다.

찬송하리로다 우리 주 예수 그리스도의 아버지 하나님이 그 많으신 긍휼대로 예수 그리스도의 죽은 자 가운데서 부활하심으로 말미암아 우리를 거듭나게 하사 산 소망이 있게 하시며 썩지 않고 더럽지 않고 쇠하지 아니하는 기업을 잇게 하시나니 곧 너희를 위하여 하늘에 간직하신 것이라 (벧전 1:3,4)

너희는 저를 죽은 자 가운데서 살리시고 영광을 주신 하나님을 그리스도로 말미암아 믿는 자니 너희 믿음과 소망이 하나님께 있게 하셨느니라 (벧전 1:21)

영원한 처소

하늘에 있는 영원한 집이 '영원한 처소'이다. 처소(處所 habitation)는 단순한 집의 개념이 아니고 사람이 일정하게 머물러 사는 곳이다. 손으로 지은 집이 아니고 하나님께서 지으신 영원한 집이다. '장막 집'은 땅에 사는 동안 가진 육체다. '몸에 거할 때'이다. '무너질 집'이다. '벗은 자'로도 표현한다.

만일 땅에 있는 우리의 장막 집이 무너지면 하나님께서 지으신 집 곧 손으로 지은 것이 아니요 하늘에 있는 영원한 집이 우리에게 있는 줄 아나니 과연 우리가 여기 있어 탄식하며 하늘로부터 오는 우리 처소로 덧입기를 간절히 사모하노니 이렇게 입음은 벗은 자들로 발견되지 않으려 함이라 이 장막에 있는 우리가 짐 진 것 같이 탄식하는 것은 벗고자 함

이 아니요 오직 덧입고자 함이니 죽을 것이 생명에게 삼킨 바 되게 하려 함이라 (고후 5:1-4)

나의 평생에 선하심과 인자하심이 정녕 나를 따르리니 내가 여호와의 집에 영원히 거하리로다 (시 23:6)

생명을 '하늘로부터 오는 처소로 덧입는다'고도 한다. 죽을 육체가 생명에게 삼킨 바 된다는 뜻이다.^{고후 5:1-4} 이 생명은 영원한 생명이다.^{고전 15:50-54, 요일 1:2} 하나님께서 주신다.^{고후 5:18, 요 3:16, 롬 6:23, 요일 5:11}

곧 이것을 우리에게 이루게 하시고 보증으로 성령을 우리에게 주신 이는 하나님이시니라 (고후 5:5)

소망을 가진 이들은 하나님께서 지으신 영원한 집에 거하기를 바란다.^{벧후 3:13, 딤후 4:6, 빌 1:23} 간절히 바라는 처소이다.^{히 11:16, 엡 2:19-22, 요 14:2, 눅 16:9} 육체를 벗어나 하나님께서 지으신 나라에 이르는 기쁨은 비교할 수 없는 가치를 가지고 있다.

우리가 담대하여 원하는 바는 차라리 몸을 떠나 주와 함께 거하는 그것이니라 (고후 5:8)

하늘에서는 주 외에 누가 내게 있으리요 땅에서는 주 밖에 나의 사모할 자 없나이다 내 육체와 마음은 쇠잔하나 하나님은 내 마음의 반석이시요 영원한 분깃이시라 (시 73:25, 26)

천지는 없어지려니와 주는 영존하시겠고 그것들은 다 옷 같이 낡으리니 의복 같이 바꾸시면 바뀌려니와 주는 여상하시고 주의 년대는 무궁하리이다 (시 102:26-27)

그리스도의 죽으심으로 새롭게 된 사람들은 육체대로 알지 않는다.

그러므로 우리가 이제부터는 아무 사람도 육체대로 알지 아니하노라 비록 우리가 그리스도도 육체대로 알았으나 이제부터는 이같이 알지 아니하노라 (고후 5:16)

누구나 세월이 흐를수록 겉 사람은 후패한다(朽敗, 늙다, 쇠하다, 무너지다). 그러나 새로운 피조물의 겉 사람과 속 사람은 반대 방향으로 진행한다. 겉 사람은 쇠하고 속 사람은 날마다 새로워진다. 시간이 흐를수록 장차 일어날 일로 더욱 기대가 된다.

그러므로 우리가 낙심하지 아니하노니 겉 사람은 후패하나 우리의 속은 날로 새롭도다 (Therefore we do not lose heart. Even though our outward man is perishing, yet the inward man is being renewed day by day.) (고후 4:16)

베드로도 이 세상을 떠날 날이 임박한 줄을 알며 '장막을 벗어난다'^{벧후 1:12-15}고 했다. '하나님의 날이 임하기를 바라보고 간절히 사모하라'^{벧후 3:12, 13}고 권면했다.

나그네

베드로는 택함을 받은 자들을 '나그네'라 부른다.

> 예수 그리스도의 사도 베드로는 본도, 갈라디아, 갑바도기아, 아시아와 비두니아에 흩어진 나그네 곧 하나님 아버지의 미리 아심을 따라 성령의 거룩하게 하심으로 순종함과 예수 그리스도의 피 뿌림을 얻기 위하여 택하심을 입은 자들에게 편지하노니 은혜와 평강이 너희에게 더욱 많을지어다 (벧전 1:1,2)

히브리서 11장에서도 믿음으로 따라 사는 사람들을 나그네라 부른다.

> 이 사람들은 다 믿음을 따라 죽었으며 약속을 받지 못하였으되 그것들을 멀리서 보고 환영하며 또 땅에서는 외국인과 나그네로라 증거하였으니 이같이 말하는 자들은 본향 찾는 것을 나타냄이라 저희가 나온 바 본향을 생각하였더면 돌아갈 기회가 있었으려니와 저희가 이제는 더 나은 본향을 사모하니 곧 하늘에 있는 것이라 그러므로 하나님이 저희 하나님이라 일컬음 받으심을 부끄러워 아니하시고 저희를 위하여 한 성

을 예비하셨느니라 (히 11:13-16)

나그네는 '천국이 본향인 이 땅에 사는 자들'이다.

본향(本鄕)은 자기가 태어나서 자라난 고향(故鄕)이거나 본디 조상 대대로 살아온 곳이다. 자기 고향을 떠나 다른 고장으로 옮겨 살면 타향살이이다. 나그네가 되기도 하고 외국인이 되기도 한다. 나그네는 떠돌아다니는 사람이다. 본인이나 원주민이나 어차피 그렇게 대하게 된다. 외국인의 생활은 낯설다. 본인도 낯설고 그 나라 사람들도 낯선 대상으로 여긴다.

그래서 사람들은 본향을 찾는다. 굳이 노력한다면 혹여 기회가 주어질 수도 있다. 그러나 눈에 보이는 이 땅에서 자기가 본래 살던 땅으로 돌아갈 수 있는 사람은 별로 없다. 그런데도 바란다. 자칫 잘못하면 한스럽게 마칠 수도 있다. 어차피 이 땅은 마음을 붙일 수 있는 곳이 아니다. 먼지를 일으키며 걷는 피곤한 길이다. 유익한 바램은 하늘나라이다. 먼 길에서 돌아와 고향에서 편히 쉬는 평안함이 있다. 더 나은 본향이다.

보이는 것은 보이지 않는 것으로 말미암아 된 것이다.^{히 11:3} 보이는 것은 일시적이요 보이지 않는 것은 영원하다.^{고후 4:18}

미련한 사람은 자기 마음만 믿는다.^{잠 28:26} 땅만 바라본다.^{잠 17:24}

하나님께서 주시는 복을 받는 사람은시 133:3, 눅 11:28, 롬 4:7, 8, 계 22:7 자신에게 충실한 사람이다.마 16:26 영원을 사모하는전 3:11 지혜로운 사람이다.잠 9:10, 19:8, 고전 3:18-23 예수 그리스도로 말미암아 사는 자들이다.롬 3:22, 24, 5:1, 6-8, 11, 15, 21, 6:4, 23, 8:1, 2, 34, 10:4, 고전 1:9, 15:13-22, 고후 4:6, 13:4, 갈 1:4, 2:20, 3:13, 22-27, 엡 1:7-10, 20, 2:1-10, 빌 3:9, 20, 골 3:1, 살전 4:16, 딤전 2:5, 딤후 1:10, 히 9:24-28, 벧후 3:18, 요일 5:20, 유 1:25

'누구든지 그리스도 안에 있으면' 그리스도께서 '하늘에 있는 영원한 처소로 눅 16:9, 요 14:3, 벧후 1:11, 히 11:16 넉넉히 이끄신다.

'그리스도 안에'라는 말씀에 영생,롬 6:23 구속,롬 3:24, 8:1 해방,롬 8:2 하나님의 사랑,롬 8:39 구원,딤후 2:10, 3:15 화평,엡 2:13, 14 믿음,딤전 1:14, 3:13, 딤후 1:13, 3:15 은혜,딤후 2:1 생명의 약속딤후 1:1이 결합되어 있다.

맏아들

'맏아들'은 좋은 느낌을 준다. 구약에서 '초태생'출 13:2, 12, 15, 민 8:16이라 불리며 거룩히 구별된다. '장자'(長子)신21:17 로서 두 몫을 받는 권리가 있다. '처음 난 자'로 부르며 레위인이 대신하기도 한다.민 3:12, 13 예수께서도 맏아들이시다.눅 2:7, 롬 8:29, 히 1:6

그러나 맏아들이면서 택함 받지 못하는 경우도 많다. 이삭의 맏아들 에서는 아우를 섬겨야 한다.창 27:39, 40 야곱의 맏아들 르우벤은 장자의 명분을 받지 못한다.창 35:23, 대상 5:1, 2 유다의 왕도 반드시 장자에게 왕위를 물려주지 않는다. 다윗왕도 장자가 아니고삼상 17:14, 17, 대상 2:15 왕위를 이은 솔로몬도 장자가 아니다.대상 3:5 이스라엘 사람들이 애굽에서 나올 때 애굽의 모든 장자는 죽임을 당했다. 출 11:5, 12:29, 시 105:36 아담이 처음으로 낳은 아들 가인은 동생을 죽였고 자손들의 죄는 늘어나기만 한다.창 4:1, 8, 23, 24

예수께서 맏아들을 두 번 비유하셨는데 모두 하나님의 뜻에 적합지 않다. 첫 번째 비유에 등장하는 맏아들은 당연히 하나님의 뜻대로 행할 듯한데 오히려 하나님의 뜻대로 행하지 않는다.마 21:28-32 두 번째 비유는 허랑방탕한 둘째 아들 비유 속에 나타난다. 항상 아버지 집에 사는데 한 번도 아버지와 함께 기쁨을 누려 보지 못하고 산다. 어떤 상황이 되자 차별 대우를 받는다고 화를 내며 불평한다.눅 15:25-32

합당치 않은 맏아들은 하나님의 뜻을 따르지 않는 사람을 비유한다. 뉘우치지 않는 교인을 향한 말씀이기도 하다.

둘째 아들

맏아들과 비교되는 둘째 아들을 먼저 살펴보자.

> 그러나 너희 생각에는 어떠하뇨 한 사람이 두 아들이 있는데 맏아들에게 가서 이르되 얘 오늘 포도원에 가서 일하라 하니 대답하여 가로되 아버지여 가겠소이다 하더니 가지 아니하고 둘째 아들에게 가서 또 이같이 말하니 대답하여 가로되 싫소이다 하더니 그 후에 뉘우치고 갔으니 그 둘 중에 누가 아비의 뜻대로 하였느뇨 가로되 둘째 아들이니이다 예수께서 저희에게 이르시되 내가 진실로 너희에게 이르노니 세리들과 창기들이 너희보다 먼저 하나님의 나라에 들어가리라 (마 21:28-31)

> 또 가라사대 어떤 사람이 두 아들이 있는데 그 둘째가 아비에게 말하되 아버지여 재산 중에서 내게 돌아올 분깃을 내게 주소서 하는지라 아비가 그 살림을 각각 나눠 주었더니 그 후 며칠이 못되어 둘째 아들이 재산을 다 모아 가지고 먼 나라에 가 거기서 허랑방탕하여 그 재산을 허비하더니 다 없이한 후 그 나라에 크게 흉년이 들어 저가 비로소 궁핍한지라 가서 그 나라 백성 중 하나에게 붙여 사니 그가 저를 들로 보내어 돼지를 치게 하였는데 저가 돼지 먹는 쥐엄 열매로 배를 채우고자 하되 주

는 자가 없는지라 이에 스스로 돌이켜 가로되 내 아버지에게는 양식이 풍족한 품꾼이 얼마나 많은고 나는 여기서 주려 죽는구나 내가 일어나 아버지께 가서 이르기를 아버지여 내가 하늘과 아버지께 죄를 얻었사오니 지금부터는 아버지의 아들이라 일컬음을 감당치 못하겠나이다 나를 품꾼의 하나로 보소서 하리라 하고 이에 일어나서 아버지께 돌아가니라 아직도 상거가 먼데 아버지가 저를 보고 측은히 여겨 달려가 목을 안고 입을 맞추니 아들이 가로되 아버지여 내가 하늘과 아버지께 죄를 얻었사오니 지금부터는 아버지의 아들이라 일컬음을 감당치 못하겠나이다 하나 아버지는 종들에게 이르되 제일 좋은 옷을 내어다가 입히고 손에 가락지를 끼우고 발에 신을 신기라 그리고 살진 송아지를 끌어다가 잡으라 우리가 먹고 즐기자 이 내 아들은 죽었다가 다시 살아났으며 내가 잃었다가 다시 얻었노라 하니 저희가 즐거워하더라 (눅 15:11-24)

비유 중에 나오는 그들의 모습은 실망스럽다. 아버지께 '싫소이다' 하면서 마 21:30 민망할 정도로 아버지의 말을 거스른 아들이다. 또 하나는 나누어 준 재산을 가지고 나가 허랑방탕했다. '아들이라 불릴 수 없을 만큼 하늘과 아버지께 죄를 지었다.' 눅 15:18, 19

놀라운 반전은 그들이 뉘우친 사실이다.
그리고 아버지께로 돌아왔다.

아버지께서는 '잃었다가 다시 얻었노라' 하시며 기뻐하신다.

잃었다가 다시 얻었노라

허랑방탕한 둘째 아들눅 15:11-32 비유가 있는 누가복음 15장에는 잃었던 한 마리 양눅 15:3-7과 다시 찾은 한 드라크마눅 15:8-10 비유도 있다.

이들에게 공통된 표현이 있다.

첫째, '잃었다가 찾았다'이다.

> (한 마리 양)
> 너희 중에 어느 사람이 양 일백 마리가 있는데 그 중에 하나를 잃으면 아흔아홉 마리를 들에 두고 그 잃은 것을 찾도록 찾아 다니지 아니하느냐 또 찾은즉 즐거워 어깨에 메고 (눅 15:4,5)

> (한 드라크마)
> 어느 여자가 열 드라크마가 있는데 하나를 잃으면 등불을 켜고 집을 쓸며 찾도록 부지런히 찾지 아니하겠느냐 또 찾은즉 벗과 이웃을 불러 모으고 말하되 나와 함께 즐기자 잃은 드라크마를 찾았노라 하리라 (눅 15:8,9)

> (둘째 아들)
> 이 내 아들은 죽었다가 다시 살아났으며 내가 잃었다가 다시 얻었노라

하니 저희가 즐거워하더라 (눅 15:24)

이 네 동생은 죽었다가 살았으며 내가 잃었다가 얻었기로 우리가 즐거워하고 기뻐하는 것이 마땅하다 하니라 (눅 15:32)

둘째, '기쁘다'이다.

(한 마리 양)
내가 너희에게 이르노니 이와 같이 죄인 하나가 회개하면 하늘에서는 회개할 것 없는 의인 아흔아홉을 인하여 기뻐하는 것보다 더하리라 (there will be more joy in heaven over one sinner who repents) (눅 15:7)

(한 드라크마)
내가 너희에게 이르노니 이와 같이 죄인 하나가 회개하면 하나님의 사자들 앞에 기쁨이 되느니라(there is joy in the presence of the angels of God over one sinner who repents) (눅 15:10)

(둘째 아들)
이 네 동생은 죽었다가 살았으며 내가 잃었다가 얻었기로 우리가 즐거워하고 기뻐하는 것이 마땅하다 하니라(we should make merry and be glad, for your brother was dead and is alive again, and was lost and is found) (눅 15:32)

셋째, '나와 함께 즐기자'이다.

> (한 마리 양)
> 집에 와서 그 벗과 이웃을 불러 모으고 말하되 나와 함께 즐기자 나의 잃은 양을 찾았노라 하리라 (눅 15:6)

> (한 드라크마)
> 또 찾은즉 벗과 이웃을 불러 모으고 말하되 나와 함께 즐기자 잃은 드라크마를 찾았노라 하리라 (눅 15:9)

> (둘째 아들)
> 그리고 살진 송아지를 끌어다가 잡으라 우리가 먹고 즐기자 (눅 15:23)

잃었던 죄인이 돌이키면 하나님께서 측은히 여기신다.^{눅 15:20} 지은 죄를 용서하신다.^{골 1:13, 14, 마 1:21, 9:6, 26:28, 막 1:4, 눅 1:77, 행 2:38, 10:43, 엡 1:7} 하나님께서 기뻐하시고 즐거워하신다.

이들과 상대적으로 비교되는 대상이 아혼아홉 마리 양,^{눅 15:4, 7} 아홉 드라크마^{눅 15:8} 그리고 맏아들이다.^{눅15:25-32} 잃은 적이 없는 무리들이다.

아흔아홉 마리를 들에 두고

아흔아홉은 일백에서 하나가 빠진 숫자이다. 만약에 한 마리가 길을 잃지 않았다면 숫자는 변화가 없다. 모두 동류로 남아 있게 된다. 하필 한 마리 때문에 그들에게 내변화가 일어난다. 주인이 떠나신다.

> 너희 중에 어느 사람이 양 일백 마리가 있는데 그 중에 하나를 잃으면 아흔아홉 마리를 들에 두고 그 잃은 것을 찾도록 찾아 다니지 아니하느냐 (눅 15:4)

그들은 모두 남겨진 대상이 된다. 하나를 찾으시고 즐거워 어깨에 메고 집에 오셔서 잔치하실 때에도 들에 그대로 남겨진다. 주인께서 다시 오지 않으신다. 얼핏 보면 주어진 환경인 듯하지만 실상은 자신의 선택이다. 아버지께서 다시 찾을 수 있는 대상이 아니기 때문이다.

들에 버려진 이들은 회개할 것 없는 의인이다.

> 내가 너희에게 이르노니 이와 같이 죄인 하나가 회개하면 하늘에서는 회개할 것 없는 의인 아흔아홉을 인하여 기뻐하는 것보다 더하리라 (눅 15:7)

'회개할 것 없는 의인'은 역설적이다. 회개할 것 없는 의인은 근본적으로 이 세상에 존재하지 않는다.

> 기록한 바 의인은 없나니 하나도 없으며 (롬 3:10)

의인은 죄를 회개하고 온전케 된 사람이다.^{히 12:23}

> 하나님 앞에서는 율법을 듣는 자가 의인이 아니요 오직 율법을 행하는 자라야 의롭다 하심을 얻으리니 (롬 2:13)

그런데도 불구하고 회개할 것 없는 의인이 있다. 스스로 의로운 사람이다. 그 사람은 심판을 받는다.

> 네가 내 심판을 폐하려느냐 스스로 의롭다 하려 하여 나를 불의하다 하느냐 (욥 40:8)

예수께서는 스스로 된 의인을 부르시지 않는다.

> 너희는 가서 내가 긍휼을 원하고 제사를 원치 아니하노라 하신 뜻이 무엇인지 배우라 내가 의인을 부르러 온 것이 아니요 죄인을 부르러 왔노라 하시니라 (마 9:13)

> 예수께서 들으시고 저희에게 이르시되 건강한 자에게는 의원이 쓸 데

없고 병든 자에게라야 쓸 데 있느니라 내가 의인을 부르러 온 것이 아니요 죄인을 부르러 왔노라 하시니라 (막 2:17)

내가 의인을 부르러 온 것이 아니요 죄인을 불러 회개시키러 왔노라 (눅 5:32)

사람은 누구나 하나님 앞에 병든 자이다.^사 1:5 그런데 스스로 건강하다고 여기면 예수께서 고쳐 주실 수가 없다.

아흔아홉이 있는 '들(광야)'은 '고독하고 황량하고 외로운' 뜻을 가진 헬라어이다. 마귀가 예수를 시험한 곳이고^마 4:1, 눅 4:1,2 먹을 것이 없는 곳이다.^마 14:15, 막 6:35, 눅 9:12

'들에 두고'의 헬라어는 '포기하다', '버리다', '남겨지다', '저버리다'의 뜻을 가지고 있다.

광야에 버려진 양은 세상에 사는 사람에 대한 비유이다. 교인도 포함한다. 종교 조직의 일원이 되는 것과 하나님께서 기뻐하시는 대상이 되는 건 별개의 문제이다. 돌봐 줄 주인 없는 그곳은 메마르고 쓸쓸하다. 세상의 아는 사람들이든지 교인의 무리가 옆에 있어도 외롭다. 마음을 풍성하게 해줄 것이 없다. 유혹에 쉽게 빠진다. 기쁨은 잠깐 사이에 사라진다. 옆에 함께 있던 한 사람은 떠나서 주인과 집에서 잔치를 하고 있는데 본인은 처음부터 있던 그 장소에 기약 없이 서 있다. 새롭게 사는 생활을 원하는데 변화는 없다. 스스로 위로하는

데도 이대로 끝나지 않을까 두려운 마음이 든다. 조직이나 종교에 열심을 내도 밑바닥에 씻기지 않는 것이 깔려 있다.

가장 심각한 현상은 버려진 상태마저도 알아차리지 못하는 일이다.

아홉 드라크마

아홉도 하나가 빠진 무리이다. 주인이 잃었던 한 드라크마를 부지런히 찾았다. 찾은 즉 벗과 이웃을 불러 함께 즐거워한다. 하나님의 사자들 앞에 기쁨이 된다. 잃었던 죄인을 다시 찾고 기뻐하시는 비유이다.

> 어느 여자가 열 드라크마가 있는데 하나를 잃으면 등불을 켜고 집을 쓸며 찾도록 부지런히 찾지 아니하겠느냐 또 찾은즉 벗과 이웃을 불러 모으고 말하되 나와 함께 즐기자 잃은 드라크마를 찾았노라 하리라 내가 너희에게 이르노니 이와 같이 죄인 하나가 회개하면 하나님의 사자들 앞에 기쁨이 되느니라 (눅 15:8-10)

나머지 아홉은 찾지도 않으신다. 더 이상 언급조차 되지 않는다.

맏아들은 밭에 있다가 돌아와

맏아들도 버려진 자의 모습을 스스로 나타낸다. 죄 중에 살다 돌아온 동생을 위해 잔치를 한다는 말에 화를 낸다. 마침 밭에 있다가 돌아온 참이다. 아버지의 권면을 거부한다. 집에 들어가지 않는다. 그는 당연히 아버지와 함께 기뻐할 사람처럼 보인다. 여러 해 동안 아버지를 섬기고 밭에서 일했다.눅 15:18, 22-24, 25 그런데 사실은 즐거운 잔치를 받아 본 적이 없다.눅 15:29

내가 여러 해 아버지를 섬겨 명을 어김이 없거늘

맏아들은 결정적인 오해를 가지고 있다.

> 맏아들은 밭에 있다가 돌아와 집에 가까웠을 때에 풍류와 춤추는 소리를 듣고 한 종을 불러 이 무슨 일인가 물은대 대답하되 당신의 동생이 돌아왔으매 당신의 아버지가 그의 건강한 몸을 다시 맞아 들이게 됨을 인하여 살진 송아지를 잡았나이다 하니 저가 노하여 들어가기를 즐겨 아니하거늘 아버지가 나와서 권한대 아버지께 대답하여 가로되 내가 여러 해 아버지를 섬겨 명을 어김이 없거늘 내게는 염소 새끼라도 주어 나와 내 벗으로 즐기게 하신 일이 없더니 아버지의 살림을 창기와 함께 먹어버린 이 아들이 돌아오매 이를 위하여 살진 송아지를 잡으셨나이다 아버지가 이르되 얘 너는 항상 나와 함께 있으니 내 것이 다 네 것이로되 이 네 동생은 죽었다가 살았으며 내가 잃었다가 얻었기로 우리가 즐거워하고 기뻐하는 것이 마땅하다 하니라 (눅 15:25-32)

맏아들이 '내가 여러 해 아버지를 섬겨 명을 어김이 없었다'눅 15:29 말은 새로운 변화 없이 신앙 생활을 하는 교인을 대변한다. 그들은 항상 아버지 집에 있다.눅 15:31 특별한 계기는 없어도 믿음은 그런 생활이라고 알고 지낸다. 칭찬받을 만한 일도 없지만 벗어나지도 않으면서 하나님을 섬기며 산다고 생각한다.

결정적인 계기는 아버지의 살림을 창기와 함께 먹어 버린 동생이눅 15:30 돌아온 사건이다. 아버지께서 제일 좋은 옷을 내어다가 입히시고 손에 가락지를 끼우며 신을 신기는 잔치를 보며 화를 낸다.눅 15:22-25, 28 자신은 차별된 대우를 받는다고 불평한다. 죄를 지은 아들이 돌아와 기뻐하시는 아버지에게 불만을 가지고 있다.눅 15:29, 30

사실을 착각했다.

자기에게 문제가 있다는 사실을 자각하지 못했다.

여러 해 아버지를 섬겨

여러 해 아버지를 섬겼다고 말한 내용이 스스로를 드러낸다.

천국은 많은 일을 한 사람에게 약속된 나라가 아니다.

천국은 마치 품꾼을 얻어 포도원에 들여 보내려고 이른 아침에 나간 집 주인과 같으니 저가 하루 한 데나리온씩 품꾼들과 약속하여 포도원에 들여 보내고 또 제삼시에 나가 보니 장터에 놀고 섰는 사람들이 또 있는지라 저희에게 이르되 너희도 포도원에 들어가라 내가 너희에게 상당하게 주리라 하니 저희가 가고 제육시와 제구시에 또 나가 그와 같이 하고 제십일 시에도 나가 보니 섰는 사람들이 또 있는지라 가로되 너희는 어찌하여 종일토록 놀고 여기 섰느뇨 가로되 우리를 품꾼으로 쓰는 이가 없음이니이다 가로되 너희도 포도원에 들어가라 하니라 저물매 포도원 주인이 청지기에게 이르되 품꾼들을 불러 나중 온 자로부터 시작하여 먼저 온 자까지 삯을 주라 하니 제십일시에 온 자들이 와서 한 데나리온씩을 받거늘 먼저 온 자들이 와서 더 받을 줄 알았더니 저희도 한 데나리온씩 받은지라 받은 후 집 주인을 원망하여 가로되 나중 온 이 사람들은 한 시간만 일하였거늘 저희를 종일 수고와 더위를 견딘 우리와 같게 하였나이다 주인이 그 중의 한 사람에게 대답하여 가로되 친구여 내가 네게 잘못한 것이 없노라 네가 나와 한 데나리온의 약속을 하지 아니하였느냐 네 것이나 가지고 가라 나중 온 이 사람에게 너와 같이 주는 것이 내 뜻이니라 내 것을 가지고 내 뜻대로 할 것이 아니냐 내가 선하므로 네가 악하게 보느냐 이와 같이 나중 된 자로서 먼저 되고 먼저 된 자로서 나중 되리라 (마 20:1-16)

오랫동안 일한 사람은 주인을 원망한다.[마 20:11] 오랜 시간 종교 생활을 했거나 종교에 관련된 많은 활동을 했다고 하는 사람들의 자부심이 결정적인 순간에 돌출된다. 선한 주인을 악하게 보는 종의[마 20:15] 모습이 드러난다. 주인의 선하심을 전혀 이해하지 못한다. 부르심은 받았으나 택함을 받지 못한 자들이다.^마 20:16(KJV), 22:14 먼저 된 자로서 나중 되는 자들이다.^마 20:16 풀어서 말하면 맨 앞에 있던 자는 맨 끝이 된다.

천국은 일도 하지 아니하고 경건하지 않은 자가 들어간다.^롬 4:5 하나님의 은혜이다.^롬 4:4 은혜는 값없이 받는다.^롬 3:24

> 만일 아브라함이 행위로써 의롭다 하심을 얻었으면 자랑할 것이 있으려니와 하나님 앞에서는 없느니라 성경이 무엇을 말하느뇨 아브라함이 하나님을 믿으매 이것이 저에게 의로 여기신 바 되었느니라 일하는 자에게는 그 삯을 은혜로 여기지 아니하고 빚으로 여기거니와 일을 아니할지라도 경건치 아니한 자를 의롭다 하시는 이를 믿는 자에게는 그의 믿음을 의로 여기시나니 일한 것이 없이 하나님께 의로 여기심을 받는 사람의 행복에 대하여 다윗의 말한 바 그 불법을 사하심을 받고 그 죄를 가리우심을 받는 자는 복이 있고 주께서 그 죄를 인정치 아니하실 사람은 복이 있도다 함과 같으니라 (롬 4:2-8)

> 그리스도 예수 안에 있는 구속으로 말미암아 하나님의 은혜로 값없이 의롭다 하심을 얻은 자 되었느니라 (롬 3:24)

> 너희가 그 은혜를 인하여 믿음으로 말미암아 구원을 얻었나니 이것이 너희에게서 난 것이 아니요 하나님의 선물이라 행위에서 난 것이 아니

니 이는 누구든지 자랑치 못하게 함이니라 (엡 2:8, 9)

여러 해 아버지를 섬긴 사람은 더 많은 삯을 받을 줄로 안다.^{롬 4:4} 꾸준히 종교 생활을 하면 신앙적 성숙을 이룰 수 있다고 생각하는 사람들의 착각이다.

아버지를 섬겨 명을 어김이 없거늘

맏아들은 다른 오해도 가지고 있다. 아버지의 명을 어김이 없이 살았다고 말한다.^{눅 15:29} 그것도 아버지께 직접 한 말이다. 사실과 다르다. 당장에 순종하지 않는 모습을 보였다. 권하시는 말씀은 듣지도 않으면서 불평만 늘어놓는다. 아버지께서 하시는 일을 못마땅하게 여기고 있다.^{눅 15:25-30} 하나님의 명을 어기지 않고 산다고 스스로 말하는 그 모습 자체가 미련한 자이다.^{잠 12:15, 28:26} 미련한 자들은 곤란을 당한다.^{시 107:17, 잠 16:22, 마 25:3}

죄를 자백하면 사함을 받지만^{요일 1:9} 하나님의 명을 어김이 없다고 말하는 사람은 불가능하다.

> 예수께서 가라사대 너희가 소경 되었더면 죄가 없으려니와 본다고 하니 너희 죄가 그저 있느니라 (요 9:41)

사람은 모두 하나님께 죄를 지었다.^{창 6:5, 6, 시 14:1, 사 53'6, 렘 13: 23, 17:9} 간음 중에 잡힌 여인을 서기관과 바리새인들이 예수께 끌고 왔을 때 예수께서 '죄 없는 자가 먼저 돌로 치라' 하시자 어른으로 시작하여 젊은이까지 모두 떠났다.요 8:7, 9 그들은 종교인들이었다. 종교 지도자도 있었다.

사람은 아무도 선하지 않다. 예수께서 젊은 청년에게 '하나님 한 분 외에는 선한 이가 없다'고막 10:18눅 18:19 말씀하셨다.

누구도 하나님께 완전한 사람은 없다.롬 3:10 모두 온전치 못하다. 심지어 시편 51편 5절에는 '내가 죄악 중에 출생하였음이여 모친이 죄 중에 나를 잉태하였나이다'라는 고백이 있다. 다윗 왕의 고백이다. 죄 중에 태어난 인생이 하나님께 스스로 의롭다 말할 수는 없다.

하나님의 '명을 어김이 없이 산다'는 환상은 종교 생활에서 오는 혼동된 신앙 관념 때문이다. 종교적 활동을 하나님의 뜻을 따라 사는 증거로 내세울 수는 없다. 오히려 신앙생활 중에 거룩한 뜻을 저버리는 행실이 많아질 수 있다.

하나님의 명을 어기며 사는 교인의 신앙생활을 예로 들어 보자.

인색한 마음으로 드리는 헌금은 하나님께서 열납지 않으신다.

> 각각 그 마음에 정한 대로 할 것이요 인색함으로나 억지로 하지 말지니 하나님은 즐겨 내는 자를 사랑하시느니라 (고후 9:7)

자신의 돈을 숨기고 일부만 내놓은 아나니아와 삽비라는 죽임을 당했다. 속이며 헌금하려면 차라리 헌금하지 않는 게 낫다.

> 아나니아라 하는 사람이 그 아내 삽비라로 더불어 소유를 팔아 그 값에서 얼마를 감추매 그 아내도 알더라 얼마를 가져다가 사도들의 발 앞에 두니 베드로가 가로되 아나니아야 어찌하여 사단이 네 마음에 가득하여 네가 성령을 속이고 땅 값 얼마를 감추었느냐 땅이 그대로 있을 때에는 네 땅이 아니며 판 후에도 네 임의로 할 수가 없더냐 어찌하여 이 일을 네 마음에 두었느냐 사람에게 거짓말한 것이 아니요 하나님께로다 아나니아가 이 말을 듣고 엎드러져 혼이 떠나니 이 일을 듣는 사람이 다 크게 두려워하더라 젊은 사람들이 일어나 시신을 싸서 메고 나가 장사하니라 세 시간쯤 지나 그 아내가 그 생긴 일을 알지 못하고 들어오니 베드로가 가로되 그 땅 판 값이 이것뿐이냐 내게 말하라 하니 가로되 예 이뿐이로라 베드로가 가로되 너희가 어찌 함께 꾀하여 주의 영을 시험하려 하느냐 보라 네 남편을 장사하고 오는 사람들의 발이 문 앞에 이르렀으니 또 너를 메어 내가리라 한대 곧 베드로의 발 앞에 엎드러져 혼이 떠나는지라 젊은 사람들이 들어와 죽은 것을 보고 메어다가 그 남편 곁에 장사하니 온 교회와 이 일을 듣는 사람들이 다 크게 두려워하니라 (행 5:1-11)

교인들이 하나님의 명을 어기는 일상은 더 많다.

세상 염려로 열매 없는 신앙생활을 한다.눅 8:14 사람에게 보이려고 겉치레(외식, 外飾)를 한다.마 6:1-5, 23:27 하나님을 찬송하는 입으로 사람을 저주한다.약 3:5-12, 눅 6:45 헛맹세를 한다.마 5: 33-37 재물을 섬긴다.마 6:24, 막 10:22, 23, 눅 12:21, 16:13, 딤전 6:17, 약 5:2, 3 돈에 욕심을 부린다.딤전 3:3, 6:10, 딤후 3:2, 히 13:5

그러면서도 '여러 해 아버지를 섬긴'눅 15:29 자랑만 늘어놓는다. '아버지의 명을 어김이 없이 살았다'고 말할 수 없다. 오히려 더 나쁘다.

내 것이 다 네 것이로되

속마음까지 꿰뚫어 아시는 아버지께서 맏아들에게 말씀하셨다.

> 아버지가 이르되 얘 너는 항상 나와 함께 있으니 내 것이 다 네 것이로되 (눅 15:31)

아버지께서 하시는 이 말씀은 경각심을 불러일으키는 말씀이다.

'너는 항상 나와 함께 있으니'가 전제되어 '내 것이 다 네 것이로되'이다. '내가 가진 모든 것이 네 것이다'로 번역된다.

맏아들은 하나님을 떠나지 않았기 때문에 소유할 권리를 가지고 있다는 의식이 있다.

그는 하나님께서 기뻐하시는 잔치에는 관심이 없다.

> 저가 노하여 들어가기를 즐겨 아니하거늘 아버지가 나와서 권한대 (눅 15:28)

오히려 자기 스스로의 문제를 자기 입으로 말한다.

> 아버지께 대답하여 가로되 내가 여러 해 아버지를 섬겨 명을 어김이 없거늘 내게는 염소 새끼라도 주어 나와 내 벗으로 즐기게 하신 일이 없더니 (눅 15:29)

맏아들은 아버지로부터 잔치를 받아본 적이 없다. 사실은 즐겁게 잔치할 기회를 드리지 않았다.

하나님께서 기뻐하시는 사람은 '잃어버린' 사람인데 이 맏아들은 늘 옆에 있었다. 대단한 모순이다.

하나님께서는 그를 향해 '내 것이 다 네 것'이라고 하신다. 이것은 은혜가 아니다. 오히려 경고하시는 말씀이다.

그 살림을 각각 나눠 주었더니

배경을 살펴보면 맏아들도 둘째 아들과 마찬가지로 자기 분깃을 이미 받았다.

> 그 둘째가 아비에게 말하되 아버지여 재산 중에서 내게 돌아올 분깃을 내게 주소서 하는지라 아비가 그 살림을 각각 나눠 주었더니 (눅 15:12)

'각각 나눠 주었더니'는 '그들에게 분할했다'이다. 두 아들 모두 자기 몫을 받았다.

그렇다면 아버지께서 맏아들에게 '너는 항상 나와 함께 있으니 내 것이 다 네 것이로되'눅 15:31 하신 말씀은 의미가 다르다.

맏아들은 함께 있다는 이유로 자기 몫 외에도 아버지의 모든 것이 자기 것이라는 마음을 가지고 일했다. 더욱이 동생은 집을 떠나 살고 있다. 아버지께서는 정곡을 찔러 그의 속마음을 드러내셨다.히 4:12, 13, 삼상 2:3, 전 12:14, 욥 34:21, 22, 시 33:13, 14, 잠 15:11 그는 재물을 더 받으려고 아버지 집을 떠나지 않았다. 하나님을 섬기는 듯하지만 실상은 재물이 주인이다.마 6:24, 눅 16:13

믿는다는 이유로 더 많은 욕심을 부리면 안 된다. 하나님 집을 떠나지 않고 열심히 일하면 재물을 더 받을 수 있다고 생각하면 돈을 사랑하는 것이다.

이어진 비유로도 알 수 있다.

누가복음 15장을 이어 누가복음 16장에 옳지 않은 청지기와[눅 16:1-13] 호화로이 사는 한 부자[눅 16:19-31] 비유가 있다.

옳지 않은 청지기 비유는 돈을 사랑하지 말라는 말씀이다.[딤전 6:10, 히 13:5] 이 비유를 들은 바리새인들이 비웃은 일에서 알 수 있다.

> 바리새인들은 돈을 좋아하는 자라 이 모든 것을 듣고 비웃거늘
> (눅 16:14)

옳지 않은 청지기는 재물을 섬기지 않고 하나님을 섬긴 사람이다.[눅 16:13] 정확한 설명이 있다.

> 주인이 옳지 않은 청지기가 일을 지혜 있게 하였으므로 칭찬하였으니 이 세대의 아들들이 자기 시대에 있어서는 빛의 아들들보다 더 지혜로움이니라 내가 너희에게 말하노니 불의의 재물로 친구를 사귀라 그리하면 없어질 때에 저희가 영원한 처소로 너희를 영접하리라 지극히 작은 것에 충성된 자는 큰 것에도 충성되고 지극히 작은 것에 불의한 자는 큰 것에도 불의하니라 너희가 만일 불의한 재물에 충성치 아니하면 누가 참된 것으로 너희에게 맡기겠느냐 너희가 만일 남의 것에 충성치 아니하면 누가 너희의 것을 너희에게 주겠느냐 집 하인이 두 주인을 섬

길 수 없나니 혹 이를 미워하고 저를 사랑하거나 혹 이를 중히 여기고 저를 경히 여길 것임이니라 너희가 하나님과 재물을 겸하여 섬길 수 없느니라 (눅 16:8-13)

그는 영원한 처소를 위해^{눅 16:9} 지혜롭게 처신했다.^{눅 16:8} 하나님께서 인정하셨다.

주인이 옳지 않은 청지기가 일을 지혜 있게 하였으므로 칭찬하였으니 이 세대의 아들들이 자기 시대에 있어서는 빛의 아들들보다 더 지혜로움이니라 (눅 16:8)

재물을 섬기지 말라는 말씀은 호화로이 연락하는 부자의 비유를 보면 더욱 명쾌하다.

한 부자가 있어 자색 옷과 고운 베옷을 입고 날마다 호화로이 연락하는데 나사로라 이름한 한 거지가 헌데를 앓으며 그 부자의 대문에 누워 부자의 상에서 떨어지는 것으로 배불리려 하매 심지어 개들이 와서 그 헌데를 핥더라 이에 그 거지가 죽어 천사들에게 받들려 아브라함의 품에 들어가고 부자도 죽어 장사되매 저가 음부에서 고통 중에 눈을 들어 멀리 아브라함과 그의 품에 있는 나사로를 보고 불러 가로되 아버지 아브라함이여 나를 긍휼히 여기사 나사로를 보내어 그 손가락 끝에 물을 찍어 내 혀를 서늘하게 하소서 내가 이 불꽃 가운데서 고민하나이다 아브라함이 가로되 애 너는 살았을 때에 네 좋은 것을 받았고 나사로는 고난을 받았으니 이것을 기억하라 이제 저는 여기서 위로를 받고 너는 고민을 받느니라 이뿐 아니라 너희와 우리 사이에 큰 구렁이 끼어 있어 여기서 너희에게 건너가고자 하되 할 수 없고 거기서 우리에게 건너올 수도 없게 하였느니라 가로되 그러면 구하노니 아버지여 나사로를 내 아버지의 집에 보내소서 내 형제 다섯이 있으니 저희에게 증거하게 하여 저희로 이 고통 받는 곳에 오지 않게 하소서 아브라함이 가로되 저희에게 모세와 선지자들이 있으니 그들에게 들을지니라 가로되 그렇지 아니하니이다 아버지 아브라함이여 만일 죽은 자에게서 저희에게 가는 자가 있으면 회개하리이다 가로되 모세와 선지자들에게 듣지 아니하면 비록 죽은 자 가운데서 살아나는 자가 있을지라도 권함을 받지 아니하리라 하였다 하시니라 (눅 16:19-31)

재물을 위해 사는 사람은 연락하는 부자와 다를 바 없다. 맏아들과 같이 돈 욕심이 믿음인 사람이 너무 많다.

돈을 좋아하는 사람

바리새인들은 돈을 좋아한다.^{눅 16:14, 딤후 3:2}

바리새인들은 대단한 종교인이다. 이레에 두 번씩 금식하고 소득의 십일조를 드린다.^{눅 18:12} 엄한 종교 생활을 한다.^{행 26:5} 하늘로서 오는 표적을 믿는다.^마

12:38, 16:1 부활도 믿고 천사도 믿는다.행 23:8 종교적인 영향력도 막강하다.마 23:2 요 11:47 백성에게 존경받는 교법사도 배출한 종파이다.행 5:34 자신들의 교리를 준행하지 않는 것을 용납하지 않는다.막 7:5, 눅 6:2, 7, 19:39

그런데 돈을 좋아한다. 재물과 하나님을 겸하여 섬길 수 없다는 말을 비웃는다.

> 집 하인이 두 주인을 섬길 수 없나니 혹 이를 미워하고 저를 사랑하거나 혹 이를 중히 여기고 저를 경히 여길 것임이니라 너희가 하나님과 재물을 겸하여 섬길 수 없느니라 바리새인들은 돈을 좋아하는 자라 이 모든 것을 듣고 비웃거늘 (눅 16:13, 14)

그것은 바리새인만의 문제가 아니다. 누구나 마찬가지다. 돈을 사랑하면 마음 속의 죄를 다스리지 못한다.딤전 6:10 상황이 바뀌면 본심이 드러난다.마 26:14-16, 눅 22:3, 요 6:70, 71, 13:2 재리와 일락에 기운이 막혀 결실치 못한다.눅 8:14, 딤전 5:6 먹고 마시는 일,마 24:38, 눅 12:19, 17:27, 28 세상의 염려, 재리의 유혹에 빠진다.마 13:22, 막 4:19, 눅 8:14

누가복음 15장의 맏아들에 대한 비유는 16장 부자와 거지의 비유가 결론이다.

부자가 받는 고민은눅 16:24, 25 한자어로는 '苦悶(쓰고 답답하다)'이다. 영어를 직역하면 '고통을 받는다'이다. 헬라어는 '스스로 괴롭게 하다'를 포함한 '괴로움'이다.

예수께서는 맏아들과 같이 돈을 위해 사는 사람이 죽은 뒤에 당할 고통을 호화로이 연락하며 살다 음부에서 고민하는 부자의 비유를 통해 말씀하셨다. 어떻게 대비하며 살아야 하는지도 말씀하셨다. 하나님의 말씀을 통해서만 벗어날 수 있다는 권면을 하셨다. 눅 16:27-31

이 사람아 누가 나를 물건 나누는 자로 세웠느냐

예수께서는 단 한 번도 재물을 위한 믿음을 전파하신 적이 없다. 예수를 따르는 목적이 재물이라면 대단한 잘못이다.

예수께서 재물에 대하여 내리신 정의는 명쾌하다.

> 한 사람이 두 주인을 섬기지 못할 것이니 혹 이를 미워하며 저를 사랑하거나 혹 이를 중히 여기며 저를 경히 여김이라 너희가 하나님과 재물을 겸하여 섬기지 못하느니라 (마 6:24)

하나님을 섬기든지 재물을 섬기든지 둘 중 하나이다. 둘은 절대로 공존하지 않는다.

재산 문제로 예수께 나아왔던 사람은 책망을 듣는다. 모든 탐심을 물리치라는 말씀까지 하신다. 소출이 풍성했던 부자를 비유하시며 '하나님께 대하여 부요치 못한 자'로 부르신다.

> 무리 중에 한 사람이 이르되 선생님 내 형을 명하여 유업을 나와 나누게 하소서 하니 이르시되 이 사람아 누가 나를 너희의 재판장이나 물건 나누는 자로 세웠느냐 하시고 저희에게 이르시되 삼가 모든 탐심을 물리치라 사람의 생명이 그 소유의 넉넉한 데 있지 아니하니라 하시고 또 비유로 저희에게 일러 가라사대 한 부자가 그 밭에 소출이 풍성하매 심중에 생각하여 가로되 내가 곡식 쌓아 둘 곳이 없으니 어찌할꼬 하고 또 가로되 내가 이렇게 하리라 내 곡간을 헐고 더 크게 짓고 내 모든 곡식과 물건을 거기 쌓아 두리라 또 내가 내 영혼에게 이르되 영혼아 여러 해 쓸 물건을 많이 쌓아 두었으니 평안히 쉬고 먹고 마시고 즐거워하자 하리라 하되 하나님은 이르시되 어리석은 자여 오늘 밤에 네 영혼을 도로 찾으리니 그러면 네 예비한 것이 뉘 것이 되겠느냐 하셨으니 자기를 위하여 재물을 쌓아 두고 하나님께 대하여 부요치 못한 자가 이와 같으니라 (눅 12:13-21)

'부요(富饒)하다'는 '하나님께서 모든 이에게 구원의 복을 줄 만큼 풍부하시다'는 의미이다.롬 10:12, 고후 8:9 그럼에도 불구하고 재산 쌓을 궁리나 하는 부자는 그 혜택을 단 하나도 받지 못한다.딤전 6:9, 10, 계 3:17

부자가 하나님 나라에 들어가는 것은 매우 힘들다. 약대(낙타)가 바늘귀를 통과하는 것만큼이나 어렵다. 오히려 낙타가 바늘귀를 통과하는 것이 더 쉽다.

> 예수께서 제자들에게 이르시되 내가 진실로 너희에게 이르노니 부자는 천국에 들어가기가 어려우니라 다시 너희에게 말하노니 약대가 바늘귀로 들어가는 것이 부자가 하나님의 나라에 들어가는 것보다 쉬우니라 하신대 (마 19:23, 24)

> 예수께서 둘러 보시고 제자들에게 이르시되 재물이 있는 자는 하나님의 나라에 들어가기가 심히 어렵도다 하시니 제자들이 그 말씀에 놀라는지라 예수께서 다시 대답하여 가라사대 애들아 하나님의 나라에 들어가기가 어떻게 어려운지 약대가 바늘귀로 나가는 것이 부자가 하나님의 나라에 들어가는 것보다 쉬우니라 하신대 (막 10:23-25)

예수께서는 부자를 경고하셨다. 어떤 청년 때문에 일어난 일이다.

어떤 청년이 예수께 영생을 얻고자 나아왔다.^{마 19:16-22} 그는 관원이기도 하다.^{눅 18:18} 그는 예수께 나아와 무릎을 꿇었다.^{막 10:17-22} 그는 하나님의 계명을 어려서부터 다 지키며 산 사람이다.^{막 10:19, 20, 눅 18:20, 21, 마 19:17-20} 예수께서 그를 향해 네가 오히려 한 가지 부족한 것이 있다고 말씀하신다.^{막 10:21, 눅 18:22} 온전하고자 하면 소유를 팔아 가난한 자들에게 주면 보화가 하늘에 있으리라고 말씀하신다. 그리고 나를 좇으라고 하신다.^{마 19:21, 막 10:21, 눅 18:22} 이 사람은 재물이 많으므로 슬픈 기색을 띠고 근심하며 예수를 떠난다.막 10:22, 마 19:22 예수께서는 그를 사랑스럽게 여기셨지만막 10:21 떠나는 그를 잡지 않으신다. 그러시면서 하신 말씀이 부자가 하나님 나라에 들어가는 것이 약대가 바늘귀를 통과하는 것보다 어렵다는 비유이다.

이 비유는 부자만을 향해 하신 비유가 아니다. 듣는 모든 이를 향해 하신 말씀이다. 제자들과 듣는 자들의 반응에서 알 수 있다.마 19:25, 막 10:26, 눅 18:26

> 제자들이 듣고 심히 놀라 가로되 그런즉 누가 구원을 얻을 수 있으리이까 (마 19:25)

제자들은 대부분 갈릴리 지역 사람들이다.마 4:18-22, 막 1:16-20, 14:70, 요 1:43, 44, 12:21, 21:2 행 1:11, 2: 6, 7 배가 고픈 사람들이다.마 12:1, 막 6:38 부자의 비유가 재물이 아니고 마음속으로 재물을 위해 사는 사람인 것을 바로 알아들었다. 그래서 그들은 "그런즉 누가 구원을 얻으리이까"했다. 직역한다면 "예수의 제자들이 이를 들었을 때, 그들이 매우 놀라 말하기를 그러면 누가 구원을 얻을 수 있나이까"이다.

제자들의 말에 예수께서 그들을 보시며 "이 일은 사람으로는 할 수 없고 하나님으로서는 다 하실 수 있다"고 말씀하셨다.마 19:26, 막 10:27, 눅 18:27 이런 일은 사람으로는 불가능하다. 그러나 하나님께는 모든 것이 가능하다.

예수께서는 성전에서 장사하는 자들을 내어 쫓으신 분이시다.^{마 21:12, 13} 하나님의 성전에서 돈과 관련된 행위를 둘러 엎으셨다.

종교 지도자들은 예수를 죽이려 하기까지 한다.

> 저희가 예루살렘에 들어가니라 예수께서 성전에 들어가사 성전 안에서 매매하는 자들을 내어쫓으시며 돈 바꾸는 자들의 상과 비둘기 파는 자들의 의자를 둘러 엎으시며 아무나 기구를 가지고 성전 안으로 지나다님을 허락치 아니하시고 이에 가르쳐 이르시되 기록된 바 내 집은 만민의 기도하는 집이라 칭함을 받으리라고 하지 아니하였느냐 너희는 강도의 굴혈을 만들었도다 하시매 대제사장들과 서기관들이 듣고 예수를 어떻게 멸할까 하고 꾀하니 이는 무리가 다 그의 교훈을 기이히 여기므로 그를 두려워함일러라 (막 11:15-18)

종교가 타락하면 돈과 결탁한다. 그런 곳은 예수께서 보시기에 강도의 굴혈이다. 강도는 약탈자이다. 굴혈은 나쁜 짓을 하는 도둑이나 악한 따위의 무리가 활동의 본거지로 삼고 있는 곳이다.

예수를 따르던 가룟 유다도 돈이 문제였다. 돈궤를 맡았는데 사람들이 넣은 돈을 도적질했다.

> 제자 중 하나로서 예수를 잡아 줄 가룟 유다가 말하되 이 향유를 어찌

하여 삼백 데나리온에 팔아 가난한 자들에게 주지 아니하였느냐 하니 이렇게 말함은 가난한 자들을 생각함이 아니요 저는 도적이라 돈궤를 맡고 거기 넣는 것을 훔쳐감이러라 (요 12:4-6)

돈을 벌려고 예수를 팔고^{마 26:14, 15, 막 14:10, 11} 스스로 목매어^{마 27:5} 창자가 다 흘러나와 죽은^{행 1:16-18} 가룟 유다는 예수께서 불쌍히 여기지 않으신다. 사단이 들어갔고^{눅 22:3} 마귀가 예수를 팔 생각을 마음에 넣었다.^{요 13:2} 예수께서는 차라리 나지 않았으면 좋았을 사람이라고 하셨다.^{막 14:21} 떡을 찍어 한 조각을 주시며 네가 나를 팔 자라고까지 말씀하시며 네 일을 속히 하라고 하셨다.^{요 13:21-27}

자기의 소유를 다 팔아 그 밭을 샀느니라

예수께서 전하시는 복음은 하늘 나라이다.^{마 4:23, 9:35, 24:14} 하늘나라는 자기 소유를 다 팔아 감추인 보화를 발견하는 사람이 차지하는 나라이다,

> 천국 the Kingdom of Heaven)은 마치 밭에 감추인 보화와 같으니 사람이 이를 발견한 후 숨겨두고 기뻐하여 돌아가서 자기의 소유를 다 팔아 그 밭을 샀느니라 또 천국은 마치 좋은 진주를 구하는 장사와 같으니 극히 값진 진주 하나를 만나매 가서 자기의 소유를 다 팔아 그 진주를 샀느니라 (마 13:44-46)

자신을 위해 재물을 쌓는 사람은 맏아들 같은 사람이다.^{마 6:24, 눅 12:21, 딤전 6:17,}

약5:2 사람이 살면서 얻을 수 있는 진정한 혜택을 받지 못했다. 땅의 일을 위해 살면 후회할 날이 온다. 반드시 고민 속에 빠지게 된다. 단순한 고민이 아니다.

먼저 나신 자

맏아들이라는 호칭이 예수께도 사용된다. 그러나 원어 자체도 다르고 그 의미도 완전히 다르다.

> 이 때에 가이사 아구스도가 영을 내려 천하로 다 호적하라 하였으니 이 호적은 구레뇨가 수리아 총독 되었을 때에 첫번 한 것이라 모든 사람이 호적하러 각각 고향으로 돌아가매 요셉도 다윗의 집 족속인고로 갈릴리 나사렛 동네에서 유대를 향하여 베들레헴이라 하는 다윗의 동네로 그 정혼한 마리아와 함께 호적하러 올라가니 마리아가 이미 잉태되었더라 거기 있을 그 때에 해산할 날이 차서 맏아들을 낳아 강보로 싸서 구유에 뉘었으니 이는 사관에 있을 곳이 없음이러라 (눅 2:1-7)

> 하나님이 미리 아신 자들로 또한 그 아들의 형상을 본받게 하기 위하여 미리 정하셨으니 이는 그로 많은 형제 중에서 맏아들이 되게 하려 하심이니라 (롬 8:29)

> 또 맏아들을 이끌어 세상에 다시 들어오게 하실 때에 하나님의 모든 천사가 저에게 경배할지어다 말씀하시며 (히 1:6)

예수를 칭하는 맏아들을 '먼저 나신 자'로 번역하기도 한다.

우리로 하여금 빛 가운데서 성도의 기업의 부분을 얻기에 합당하게 하신 아버지께 감사하게 하시기를 원하노라 그가 우리를 흑암의 권세에서 건져내사 그의 사랑의 아들의 나라로 옮기셨으니 그 아들 안에서 우리가 구속 곧 죄 사함을 얻었도다 그는 보이지 아니하시는 하나님의 형상이요 모든 창조물보다 먼저 나신 자니 만물이 그에게 창조되되 하늘과 땅에서 보이는 것들과 보이지 않는 것들과 혹은 보좌들이나 주관들이나 정사들이나 권세들이나 만물이 다 그로 말미암고 그를 위하여 창조되었고 또한 그가 만물보다 먼저 계시고 만물이 그 안에 함께 섰느니라 그는 몸인 교회의 머리라 그가 근본이요 죽은 자들 가운데서 먼저 나신 자니 이는 친히 만물의 으뜸이 되려 하심이요 아버지께서는 모든 충만으로 예수 안에 거하게 하시고 그의 십자가의 피로 화평을 이루사 만물 곧 땅에 있는 것들이나 하늘에 있는 것들을 그로 말미암아 자기와 화목케 되기를 기뻐하심이라 (골 1:12-20)

요한은 아시아에 있는 일곱 교회에 편지하노니 이제도 계시고 전에도 계시고 장차 오실 이와 그 보좌 앞에 일곱 영과 또 충성된 증인으로 죽은 자들 가운데서 먼저 나시고 땅의 임금들의 머리가 되신 예수 그리스도로 말미암아 은혜와 평강이 너희에게 있기를 원하노라 우리를 사랑하사 그의 피로 우리 죄에서 우리를 해방하시고 그 아버지 하나님을 위하여 우리를 나라와 제사장으로 삼으신 그에게 영광과 능력이 세세

토록 있기를 원하노라 아멘 (계 1:4-6)

헬라어 '먼저 나신 자'는 문자적으로 혹은 상징적으로 '먼저 태어남'이다.

예수 그리스도께서는

- 모든 창조물보다 먼저 나셨다. 보이지 아니하시는 하나님의 형상(the image of the invisible God)이시다. 골 1:15

- 죽은 자들 가운데서 먼저 나셨다. 친히 만물의 으뜸이 되려 하심이다. 골 1:18 그로 말미암아 죄에서 해방을 받는다. 계 1:5

예수 그리스도를 '맏아들'과 '먼저 나신 자'로 호칭한 헬라어는 예수로 말미암아 온전케 된 의인들에게도 사용된다.

하늘에 기록한 장자들의 총회와 교회와 만민의 심판자이신 하나님과 및 온전케 된 의인의 영들과 (to the general assembly and church of the firstborn who are registered in heaven, to God the Judge of all, to the spirits of just men made perfect) (히 12:23)

히브리서 12장 23절의 바른 번역은

"총회와 하늘에 기록한 장자들의 교회와 만민의 심판자이신 하나님과 및 온전케 된 의인의 영들과"이다.

'하늘에 기록한 장자들의 교회'는 '하늘에 기록한 먼저 난 자들의 교회'로 번역해도 된다. '먼저 나신 자'이신 예수 그리스도로 말미암아 온전케 된 의인들이다. '하나님의 도성인 하늘의 예루살렘'에 이른 무리이다.^{히 12:22} 잃었다가 다시 찾은 한 마리 양,^{눅 15:3-7} 한 드라크마,^{눅 15:8-10} 뉘우치고 돌아온 둘째 아들^{눅 15:11-32} 이 그들이다.

하나님의 뜻을 따르지 않는 맏아들은^{마 21:28-32, 눅 15:25-32} 예수께 속하지 않는다. 원어 자체가 다르다. '첫 자리' 혹은 '나이가 더 들었다'는 의미이다. 그런 환경에 있으면서도 종시(終是, 끝내, 끝까지 내내) 뉘우쳐 믿지 않았다.^{마 21:32}

사망에 이르는 죄

생명의 반대편에는 사망이 있다. 생명과 사망은 관계를 가지고 서로 연결되어 있다.

생명(生命)은 호흡(呼吸)과 영생(永生)이 있다. 호흡하며 사는 생명은 흙으로 돌아갈 때까지 생존하고^{창 2:7, 사 42:5, 욥 7:7, 시 146:4, 전 3:19} 영생은 영원하다.^{요 3:36, 6:27} 호흡하며 사는 생명을 가진 사람은 영생을 얻어야 한다.^{눅 10:25, 18:18, 요일 5:13}

사망(死亡)은 육체적 죽음과 개념적 사망이 있다. 아담이 나이 들어 죽은 것은^{창 5:5} 육체적 죽음이고 범죄함으로 죽은 것은^{창 2:17, 롬 5:12} 개념적 사망이다. 죽음보다 큰 개념이 사망이다. 죽음은 사망의 영향을 받는다. 구약은 사망과 죽음의 어근이 같고 신약은 서로 다른 단어이다. 성경을 읽으면서 육체적 죽음과^{마 9:24, 막 5:35, 눅 16:22, 요 4:47} 개념적 사망을^{마 4:16, 요 5:24} 문맥으로 구분할 수 있다.

사망은 실존적으로 활동하는 개념이다

사망은 현실적으로 존재하며 활동한다. 사람의 일상 속에 있다.

사망이 활동을 시작한 시점은 아담이 죄를 지었을 때이다.

> 이러므로 한 사람으로 말미암아 죄가 세상에 들어오고 죄로 말미암아
> 사망이 왔나니 이와 같이 모든 사람이 죄를 지었으므로 사망이 모든 사
> 람에게 이르렀느니라 (롬 5:12)

사망은 하나님께서 아담에게 '정녕 죽으리라' 말씀하신 대로 왔다.

> 여호와 하나님이 그 사람에게 명하여 가라사대 동산 각종 나무의 실과
> 는 네가 임의로 먹되 선악을 알게 하는 나무의 실과는 먹지 말라 네가
> 먹는 날에는 정녕 죽으리라 하시니라 (창 2:16, 17)

'정녕 죽으리라'와 '사망'은 레 8:35, 신 30:15 같은 히브리어이다. 아담의 범죄는 롬 5:14 호흡하는 생명의 죽음 위에 개념적인 사망이 적용된 실제 사건이다. 왜냐하면 아담은 '선악을 알게 하는 나무의 실과'를 먹고 죽지 않았다. 오히려 하나님의 낯을 피해 동산 나무 사이에 숨었다. 창 3:8 호흡하는 생명은 죽지 않은 것이다. 그러나 사망 아래 있게 되었다. 살아 존재하지만 사망의 영향력 아래에 놓이게 된 것이다. '정녕 죽으리라'는 '사망 아래 놓이게 된다'는 말씀이다.

> 사람이 흑암과 사망의 그늘에 앉으며 곤고와 쇠사슬에 매임은 하나님
> 의 말씀을 거역하며 지존자의 뜻을 멸시함이라 (시 107:10, 11)

사망은 죄의 결과이다. 사망은 죄 지은 사람을 종처럼 다스릴 수 있는 세력을 가지게 되었다.

자녀들은 혈육에 함께 속하였으매 그도 또한 한 모양으로 혈육에 함께 속하심은 사망으로 말미암아 사망의 세력을 잡은 자 곧 마귀를 없이 하시며 또 죽기를 무서워하므로 일생에 매여 종 노릇 하는 모든 자들을 놓아주려 하심이니 (히 2:14, 15)

히브리서 2장 15절의 '죽기를 무서워하므로'는 개념적 사망에 대한 두려움이다. 사람들이 평생 동안 사망에게 매여 종 노릇하며 산다.

사망은 줄과 올무를 가지고 있다.

사망의 줄이(The cords of death, NASB) 나를 얽고 불의의 창수가 나를 두렵게 하였으며 음부의 줄이 나를 두르고 사망의 올무가(the snares of death) 내게 이르렀도다 (시 18:4,5)

사망의 줄이(The cords of death, NASB) 나를 두르고 음부의 고통이 내게 미치므로 내가 환난과 슬픔을 만났을 때에 (시 116:3)

음부의 줄이 나를 두르고 사망의 올무(the snares of death)가 내게 이르렀도다 (삼하 22:6)

줄은 끈이나 밧줄이다. 고통, 슬픔으로도 번역할 수 있다.욥 21:17, 39:3, 사 13:8, 66:7, 렘 13:21, 22:23, 49:24, 호 13:13 올무는 짐승을 잡기 위한 올가미다. 함정, 미끼, 덫의 뜻을 포함한다. 그물잠 14:27로도 번역한다.

실체 없이 실존하는 사망은 사람에게 덫을 씌워 고통을 주려고 일평생을 따라다니며 끈을 잡아당긴다.

힐문

아담이 죄를 범했는데 왜 나도 죄를 지었다고 하는가. 하나님께서는 왜 사람을 죄를 지을 수 있도록 창조하셨는가. 이런 것들은 힐문이다.

힐문(詰問)은 트집을 잡아 따져 묻는 것이다. 로마 사람들도 '하나님이 어찌하여 허물하시느뇨' 하며 힐문했다.

> 혹 네가 내게 말하기를 그러면 하나님이 어찌하여 허물하시느뇨(Why does He still find fault) 누가 그 뜻을 대적하느뇨 하리니 (롬 9:19)

직역하면 '하나님께서 왜 아직도 잘못을 찾아내시는가'이다. 이들이 따져 묻는 배경은 '하나님께서 사람을 죄를 지을 수 있도록 창조하시고서 왜 죄를 지었다고 하시느냐'고 하는 것이다.

로마 사람들의 말은 하나님께 대드는 것이다. 사도 바울은 조물주께 따지며 덤벼드는 피조물을 책망한다.

> 이 사람아 네가 뉘기에 감히 하나님을 힐문하느뇨 지음을 받은 물건이 지은 자에게 어찌 나를 이같이 만들었느냐 말하겠느뇨 토기장이가 진흙 한 덩이로 하나는 귀히 쓸 그릇을, 하나는 천히 쓸 그릇을 만드는 권이 없느냐 (롬 9:20, 21)

여기서 숙고할 부분이 있다. 하나님께서 왜 이런 모습으로 창조했냐고 따져 물어봐야 소용이 없다. 왜냐하면 그 상태를 바꿀 수 없기 때문이다. 따져 묻는다 해서 바뀌지 않는다. 하나님께서 그렇게 창조하셨기 때문이다. 이미 그런 상태로 존재해 왔고 모든 사람이 그 법칙의 영향 아래 살고 있다. 이 법칙은 절대로 바뀌지 않는다. 그것은 불가능을 향한 불평이다. 하나님께 따지는 것 자체가 실없는 행동이다. 피조물의 한계를 빨리 깨달을수록 자기에게 유리하다.

또한 하나님께 힐문하면서도 본인 스스로는 죄를 범하며 살고 있다는 사실이다. 하나님께 왜 그러시냐고 대들 수 있다면 본인은 흠이 없어야 된다. 죄를 계속 지으며 살면서 따지기만 하면 이율배반적이다. 그렇게 당당하다면 본인은 하나님 앞에 부끄러움 없이 살아야 한다. 그렇지 않다면 이것은 속마음을 가리는 위선적인 행동이다. 자기 죄를 평계하기 위해서 하나님을 힐문하는 것은 대단히 위험한 행동이다.

질문

범죄한 아담은 구백삼십 세가 되어서야 죽었다.^{창 5:5} 아담의 후손 라멕은 구백육십구 세를 살았다.^{창 5:27} 사람이 구백 세를 넘겨 살 수 있을까. 질문(質問)할 수 있는 내용이다.

창세기 5장의 사람들은 몇백 년을 살았다.^{창 5:4-31} 사람의 수명이 현저히 감소하는 시점은 노아의 홍수이다. 노아의 홍수 이후로 사람은 백이십 세까지 살 수 있도록 바뀌었다.^{창 6:3}

노아의 홍수를 분기점으로 이 땅에 큰 변화가 찾아왔다.

노아의 홍수 이전에는 이 땅에 추위와 더위가 없었다. 여름과 겨울도 없었다. 하나님께서 창조하시던 넷째 날에 이 땅에 사시(네 계절)를 두시고^{창 1:14} 큰 광명(태양)과 작은 광명(달)을^{창 1:16, 시 136:9} 만드셔서 일자(날)와 연한(해)을 이루셨지만 기온 변화와 주기적 계절 변화는 노아의 홍수 후에 시작하셨다.

> 노아가 여호와를 위하여 단을 쌓고 모든 정결한 짐승 중에서와 모든 정결한 새 중에서 취하여 번제로 단에 드렸더니 여호와께서 그 향기를 흠향하시고 그 중심에 이르시되 내가 다시는 사람으로 인하여 땅을 저주하지 아니하리니 이는 사람의 마음의 계획하는 바가 어려서부터 악함이라 내가 전에 행한 것 같이 모든 생물을 멸하지 아니하리니 땅이 있을 동안에는 심음과 거둠과 추위와 더위와 여름과 겨울과 낮과 밤이 쉬지 아니하리라 (창 8:20-22)

(While the earth remains, Seedtime and harvest, Cold and heat, Winter and summer, And day and night Shall not cease.) (창 8:22)

농사일, 낮과 밤, 기온, 기후, 계절이 일정한 간격을 두고 되풀이하여 바뀌기 시작했다. 전에 없던 현상이다.

이런 변화는 하늘의 창이 열려 사십 주야를 비가 땅에 쏟아진 사건에서 기인한다.

노아 육백 세 되던 해 이월 곧 그 달 십칠일이라 그 날에 큰 깊음의 샘들이 터지며 하늘의 창들이 열려 사십 주야를 비가 땅에 쏟아졌더라 (창 7:11, 12)

홍수가 땅에 사십 일을 있었는지라 물이 많아져 방주가 땅에서 떠올랐고 물이 더 많아져 땅에 창일하매 방주가 물 위에 떠다녔으며 물이 땅에 더욱 창일하매 천하에 높은 산이 다 덮였더니 물이 불어서 십오 규빗이 오르매 산들이 덮인지라 (창 7:17-20)

물이 이 땅의 온 지면을 덮었다. 천하를 덮은 많은 물은 하나님께서 바람으로 줄이신다.

하나님이 노아와 그와 함께 방주에 있는 모든 들짐승과 육축을 권념하

> 사 바람으로 땅 위에 불게 하시매 물이 감하였고 (창 8:1)

얼음이 얼어 물의 넓이가 줄어들었다.

> 하나님의 부시는 기운에 얼음이 얼고 물의 넓이가 줄어지느니라 (욥 37:10)

이 체적의 변이는 지구의 모습으로만 설명이 가능하다. 물은 얼게 되면 부피가 커진다. 물이 얼면 항아리가 깨지는 이유이다. 그런데 욥기 37장 10절은 얼음이 얼어서 물의 넓이가 줄어든다고 한다. 바람이 불자 얼음이 얼어 지면에 있는 물을 걷어 들여 덮은 넓이를 줄였다.^{창 8:13} 지면이 드러나 마른 곳도 있고 ^{창 8:14} 얼음에 덮인 곳도 생겼다. 이후로 땅에 추위와 더위가 생겼다. 여름과 겨울이 생겼다. 씨를 뿌릴 때와 거둘 때도 구분되기 시작했다.

사람의 식생활에도 변화가 생긴다. 노아의 홍수 이전에는 사람의 식물은 채식이었다.^{창 1:29} 노아의 홍수 이후에 육식이 더해진다.

> 무릇 산 동물은 너희의 식물이 될지라 채소 같이 내가 이것을 다 너희에게 주노라 (창 9:3)

몇백 년을 살던 사람의 수명도 백이십 세까지 살 수 있도록 내려간다.^{창 6:3} 이후로 점점 더 내려간다. 실제로는 칠십이나 팔십이다.

> 우리의 년수가 칠십이요 강건하면 팔십이라도 그 년수의 자랑은 수고와 슬픔뿐이요 신속히 가니 우리가 날아가나이다 (시 90:10)

사람의 수한은 칠십이고 건강해야 팔십까지 살 수 있다. 보장된 나이는 아니다. 사고나 질병이 있으면 수명은 훨씬 줄어든다. 질병이 있는 이 땅에서 사는 것은 늘 병드는 일에 노출되어 있는 상태이다. 영생의 확답 없이 오래 살려고만 하는 것은 속절없이 세월이 흘러가는 무의미한 일이다. 사람이 수백 년을 산다 해도 결국은 죽는다. 모든 생물은 수명이 있다. 죽음을 앞두고 질병을 우려하며 수백 년을 산다는 것이 사람에게 반드시 좋은 환경은 아니다. 살면서 고생도 하고 슬픈 일도 당한다.

노아 이전의 사람들이 수백 년을 산 것은 사실이다. 그러나 그들의 생활 환경은 지금과 완전히 다르다. 물론 성경의 내용을 질문하는 것은 좋은 일이다. 그러나 그 답을 성경에서 찾아야 한다. 성경 밖의 지식이나 관점으로 질문해도 답은 성경의 내용에서 찾아야 한다. 성경은 하나님의 말씀이기 때문이다. 하나님의 말씀은 영원하다. 성경에서 주는 답은 깊이를 가지고 있다.

의문

질문과 의문은 다르다. 성경에 대해 의문(疑問)만 가지고 사는 것은 곤란하다. 늘 의심하듯 질문만 한다면 무슨 소용이 있겠는지 스스로 질문해봐야 한다. 죽은 후에 성경이 모두 사실인 것으로 밝혀지면 대단히 난감한 상황에 부딪히게 될 것이다. 의문을 가지고 죽는 것은 곤란하다. 앞에 사망이 있기 때문이다.

사망의 목표물

사망의 목표물은 죄다.

> 사망아 너의 이기는 것이 어디 있느냐 사망아 너의 쏘는 것이 어디 있느냐 사망의 쏘는 것은 죄요 죄의 권능은 율법이라 (고전 15:55, 56)

죄는 욕심에서 생긴다.

> 욕심이 잉태한즉 죄를 낳고 죄가 장성한즉 사망을 낳느니라 (약 1:15)

흙으로 지으심을 받은 피조물의 치명적인 약점은 욕심이다.

> 너희는 유혹의 욕심을 따라 썩어져 가는 구습을 좇는 옛 사람을 벗어 버리고 (엡 4:22)

> 오직 각 사람이 시험을 받는 것은 자기 욕심에 끌려 미혹됨이니 (약 1:14)

욕심은 유혹에 한없이 약하다. 옛 사람이라는 표현 속에 모두 포함되어 있다. 옛 뱀이 여자에게 나타났다. 그리고 '하나님과 같아진다'는 유혹을 한다.

> 너희가 그것을 먹는 날에는 너희 눈이 밝아 하나님과 같이 되어 선악을 알 줄을 하나님이 아심이니라 (창 3:5)

'하나님과 같이 되어 선악을 알게 된다'는 속임수로 꾀는 말이다. 함정이 있다. '선악을 알게 되는 것'은 사실이다. 아담과 여자가 옳은 일을 벗어나 나쁜 일을 저지른 행실을 스스로 판별했다. 해서는 안 되는 일을 범한 사실을 알아차렸다. 하나님의 낯을 피하여 숨었고[창 3:8] 두려워한 사실이[창 3:10] 이를 증명해 보인다. 그런데 선악을 알게는 되었는데 약점이 있다. 하나님께서 분별하시듯 옳고 그름을 알게는 되었는데 하나님의 선하심[막 10:18 눅 18:19]을 따라 살 수 없다. 흙으로 지으심을 받은 피조물의 본성 때문이다.

> 여자가 그 나무를 본즉 먹음직도 하고 보암직도 하고 지혜롭게 할 만큼 탐스럽기도 한 나무인지라 여자가 그 실과를 따먹고 자기와 함께한 남편에게도 주매 그도 먹은지라 (창 3:6)

'보암직도 하고 먹음직도 하고 지혜롭게 할 만큼 탐스러운지라'는 육신을 가진 사람이 쉽게 미혹되는 특성을 보여준다. 보는 대로, 먹고 싶은 대로, 잘난 척하며 슬려간다.

이는 세상에 있는 모든 것이 육신의 정욕과 안목의 정욕과 이생의 자랑이니 다 아버지께로 쫓아 온 것이 아니요 세상으로 쫓아 온 것이라 이 세상도 그 정욕도 지나가되 오직 하나님의 뜻을 행하는 이는 영원히 거하느니라 (요일 2:16, 17)

육신의 생각은 사망이요 영의 생각은 생명과 평안이니라 (롬 8:6)

사람의 정욕은 세상에 속한 것이다. 육신이 일으키는 욕구, 눈에 보이는 대로 하는 집착, 잘난 척, 이것이 사람이 가진 모든 것이다. 문 앞에 죄가 엎드려 기다리고 있다.

여호와께서 가인에게 이르시되 네가 분하여 함은 어찜이며 안색이 변함은 어찜이뇨 네가 선을 행하면 어찌 낯을 들지 못하겠느냐 선을 행치 아니하면 죄가 문에 엎드리느니라 죄의 소원은 네게 있으나 너는 죄를 다스릴지니라 (창 4:6, 7)

가인은 죄를 다스릴 능력이 없다.

육신을 가진 사람은 살면서 죄가 늘어난다.

가인을 위하여는 벌이 칠 배일진대 라멕을 위하여는 벌이 칠십 칠배이리로다 하였더라 (창 4:24)

> 우리가 육신에 있을 때에는 율법으로 말미암는 죄의 정욕이 우리 지체 중에 역사하여 우리로 사망을 위하여 열매를 맺게 하였더니 (롬 7:5)

사단은 이 약점을 알고 죄를 목표물로 삼아 쏘아 대고 있다.

> 너희 자신을 종으로 드려 누구에게 순종하든지 그 순종함을 받는 자의 종이 되는 줄을 너희가 알지 못하느냐 혹은 죄의 종으로 사망에 이르고 순종의 종으로 의에 이르느니라 (롬 6:16)

죄가 있는 한 사망은 누구에게나 왕 노릇할 수 있다. 죄와 사망은 아담의 범죄함으로 세상에 들어왔다.^{롬 5:12} 마귀는 사망으로 인해 세력을 잡았다.^{히 2:14} 사망은 사람들의 죄를 담보로 목을 조이며 활동한다. 죄의식을 교묘히 활용한다.

> 그러나 아담으로부터 모세까지 아담의 범죄와 같은 죄를 짓지 아니한 자들 위에도 사망이 왕 노릇 하였나니 아담은 오실 자의 표상이라 (롬 5:14)

'왕 노릇한다'는 '가장 높은 영향력을 가지고 통치한다'는 의미이다. 눈에 보이지 않는 개념인 사망이 사실상 사람들의 가장 약한 부분인 죄를 담보로 왕 노릇하고 있는 상태이다.

여자를 미혹한 옛 뱀은 마귀다.

> 큰 용이 내어 쫓기니 옛 뱀 곧 마귀라고도 하고 사단이라고도 하는 온 천하를 꾀는 자라 땅으로 내어 쫓기니 그의 사자들도 저와 함께 내어 쫓기니라 (계 12:9)

> 용을 잡으니 곧 옛 뱀이요 마귀요 사단이라 잡아 일천 년 동안 결박하여 (계 20:2)

마귀는 천하를 미혹한다. 늘 삼킬 자를 찾는다.

> 근신하라 깨어라 너희 대적 마귀가 우는 사자 같이 두루 다니며 삼킬 자를 찾나니 (벧전 5:8)

> 내가 보매 청황색 말이 나오는데 그 탄 자의 이름은 사망이니 음부가 그 뒤를 따르더라 저희가 땅 사분 일의 권세를 얻어 검과 흉년과 사망과 땅의 짐승으로써 죽이더라 (계 6:8)

마귀가 다스리는 사망은 땅에 사는 사람들에게 늘 위협이 된다. 사망은 일상생활에 연계된 죄의 결과이다. 사망의 목표물에서 벗어나려면 생명이 필요하다.

지혜 있는 자의 교훈은 생명의 샘이라 사람으로 사망의 그물을 벗어나게 하느니라 (잠 13:14)

여호와를 경외하는 것은 생명의 샘이라 사망의 그물에서 벗어나게 하느니라 (잠 14:27)

의를 굳게 지키는 자는 생명에 이르고 악을 따르는 자는 사망에 이르느니라 (잠 11:19)

의로운 길에 생명이 있나니 그 길에는 사망이 없느니라 (잠 12:28)

육신의 생각은 사망이요 영의 생각은 생명과 평안이니라 (롬 8:6)

사망의 세력을 이길 수 있는 유일한 해결책은 사망을 통과한 생명이다. 죄의 삯을 생명으로 치르고 죽으면 전혀 다른 생명이 태어날 수 있다. 사망에게 값을 치르는 것이다.

육체의 생명

육체의 생명은 피에 있다.

육체의 생명은 피에 있음이라 내가 이 피를 너희에게 주어 단에 뿌려

너희의 생명을 위하여 속하게 하였나니 생명이 피에 있으므로 피가 죄를 속하느니라 (레 17:14)

모든 생물은 그 피가 생명과 일체라 그러므로 내가 이스라엘 자손에게 이르기를 너희는 어느 육체의 피든지 먹지 말라 하였나니 모든 육체의 생명은 그 피인즉 무릇 피를 먹는 자는 끊쳐지리라 (레 17:11)

하나님의 아들 예수께서 십자가에서 피를 흘리셨다. 골 1:20, 히 13:12 예수의 생명이 드려진 것이다.

오직 흠 없고 점 없는 어린 양 같은 그리스도의 보배로운 피로 한 것이니라 (벧전 1:19)

하나님의 아들 예수께서 흘리신 피로 죄 사함을 받는다.

이것은 죄 사함을 얻게 하려고 많은 사람을 위하여 흘리는 바 나의 피 곧 언약의 피니라 (마 26:28)

이 예수를 하나님이 그의 피로 인하여 믿음으로 말미암는 화목제물로 세우셨으니 이는 하나님께서 길이 참으시는 중에 전에 지은 죄를 간과하심으로 자기의 의로우심을 나타내려 하심이니 (롬 3:25)

그러면 이제 우리가 그 피를 인하여 의롭다 하심을 얻었은즉 더욱 그로 말미암아 진노하심에서 구원을 얻을 것이니 (롬 5:9)

염소와 송아지의 피로 아니하고 오직 자기 피로 영원한 속죄를 이루사 단번에 성소에 들어가셨느니라 염소와 황소의 피와 및 암송아지의 재로 부정한 자에게 뿌려 그 육체를 정결케 하여 거룩케 하거든 하물며 영원하신 성령으로 말미암아 흠 없는 자기를 하나님께 드린 그리스도의 피가 어찌 너희 양심으로 죽은 행실에서 깨끗하게 하고 살아계신 하나님을 섬기게 못하겠느뇨 (히 9:12-14)

율법을 쫓아 거의 모든 물건이 피로써 정결케 되나니 피흘림이 없은즉 사함이 없느니라 (히 9:22)

그러므로 예수도 자기 피로써 백성을 거룩케 하려고 성문 밖에서 고난을 받으셨느니라 (히 13:12)

저가 빛 가운데 계신 것 같이 우리도 빛 가운데 행하면 우리가 서로 사귐이 있고 그 아들 예수의 피가 우리를 모든 죄에서 깨끗하게 하실 것이요 (요일 1:7)

또 충성된 증인으로 죽은 자들 가운데서 먼저 나시고 땅의 임금들의 머리가 되신 예수 그리스도로 말미암아 은혜와 평강이 너희에게 있기

를 원하노라 우리를 사랑하사 그의 피로 우리 죄에서 우리를 해방하시고 (계 1:5)

'예수께서 흘리신 피'로 '사망이 왕 노릇한 죄'라는 목표물이 없어져 버렸다. 사망이 더 이상 쏠 수 있는 대상은 존재하지 않는다.

> 이제는 우리 구주 그리스도 예수의 나타나심으로 말미암아 나타났으니 저는 사망을 폐하시고 복음으로써 생명과 썩지 아니할 것을 드러내신지라 (딤후 1:10)

> 자녀들은 혈육에 함께 속하였으매 그도 또한 한 모양으로 혈육에 함께 속하심은 사망으로 말미암아 사망의 세력을 잡은 자 곧 마귀를 없이 하시며 (히 2:14)

더욱이나 예수께서 부활하셨다.

> 내가 받은 것을 먼저 너희에게 전하였노니 이는 성경대로 그리스도께서 우리 죄를 위하여 죽으시고 장사 지낸 바 되었다가 성경대로 사흘 만에 다시 살아나사 (고전 15:3,4)

> 하나님께서 사망의 고통을 풀어 살리셨으니 이는 그가 사망에게 매여 있을 수 없었음이라 (행 2:24)

> 곧 산 자라 내가 전에 죽었었노라 볼지어다 이제 세세토록 살아 있어 사망과 음부의 열쇠를 가졌노니 (계 1:18)

부활은 사망을 벗어난 새로운 생명이다.

죽은 자의 부활

> 죽은 자의 부활도 이와 같으니 썩을 것으로 심고 썩지 아니할 것으로 다시 살며 (고전 15:42)

사망은 아담으로 말미암고 죽은 자의 부활은 하나님의 아들 예수 한 분으로 딤전 2:5 말미암는다.

> 사망이 사람으로 말미암았으니 죽은 자의 부활도 사람으로 말미암는도다 (고전 15:21)

부활하신 예수께서 죽은 자를 사망에서 건지신다.

> 이는 그리스도께서 죽은 자 가운데서 사셨으매 다시 죽지 아니하시고 사망이 다시 그를 주장하지 못할 줄을 앎이로라 (롬 6:9)

> 그가 이같이 큰 사망에서 우리를 건지셨고 또 건지시리라 또한 이후에

라도 건지시기를 그를 의지하여 바라노라 (고후 1:10)

그리스도의 부활에 참예하는 자는[빌 3:10, 11] 복이 있다.

이 첫째 부활에 참예하는 자들은 복이 있고 거룩하도다 둘째 사망이 그들을 다스리는 권세가 없고 도리어 그들이 하나님과 그리스도의 제사장이 되어 천 년 동안 그리스도로 더불어 왕 노릇 하리라 (계 20:6)

사망을 이기는 생명

부활하신 예수께서 주시는 생명은 사망을 이긴다.

예수께서 가라사대 나는 부활이요 생명이니 나를 믿는 자는 죽어도 살겠고 무릇 살아서 나를 믿는 자는 영원히 죽지 아니하리니 이것을 네가 믿느냐 (요 11:25, 26)

한 사람의 범죄를 인하여 사망이 그 한 사람으로 말미암아 왕 노릇 하였은즉 더욱 은혜와 의의 선물을 넘치게 받는 자들이 한 분 예수 그리스도로 말미암아 생명 안에서 왕 노릇 하리로다 그런즉 한 범죄로 많은 사람이 정죄에 이른 것 같이 의의 한 행동으로 말미암아 많은 사람이 의롭다 하심을 받아 생명에 이르렀느니라 (롬 5:17, 18)

누가 능히 하나님의 택하신 자들을 송사하리요 의롭다 하신 이는 하나님이시니 누가 정죄하리요 죽으실 뿐 아니라 다시 살아나신 이는 그리스도 예수시니 그는 하나님 우편에 계신 자요 우리를 위하여 간구하시는 자시니라 누가 우리를 그리스도의 사랑에서 끊으리요 환난이나 곤고나 핍박이나 기근이나 적신이나 위협이나 칼이랴 기록된 바 우리가 종일 주를 위하여 죽임을 당케 되며 도살할 양 같이 여김을 받았나이다 함과 같으니라 그러나 이 모든 일에 우리를 사랑하시는 이로 말미암아 우리가 넉넉히 이기느니라 내가 확신하노니 사망이나 생명이나 천사들이나 권세자들이나 현재 일이나 장래 일이나 능력이나 높음이나 깊음이나 다른 아무 피조물이라도 우리를 우리 주 그리스도 예수 안에 있는 하나님의 사랑에서 끊을 수 없으리라 (롬 8:33-39)

사망에 이르지 아니하는 죄

사망에 이르지 아니하는 죄가 있다. 소망이 없던 사망의 그물에서 벗어나는 것이다. 어두움과 죽음의 그늘눅 1:79에서 벗어날 수 있다. 빛을 보게 되는 것이다.

> 모든 불의가 죄로되 사망에 이르지 아니하는 죄도 있도다 (요일 5:17)

> 여호와를 경외하는 것은 생명의 샘이라 사망의 그물에서 벗어나게 하느니라 (잠 14:27)

흑암에 행하던 백성이 큰 빛을 보고 사망의 그늘진 땅에 거하던 자에게 빛이 비취도다 (사 9:2)

또 내게 이르시되 인자야 너는 생기를 향하여 대언하라 생기에게 대언하여 이르기를 주 여호와의 말씀에 생기야 사방에서부터 와서 이 사망을 당한 자에게 불어서 살게 하라 하셨다 하라 (겔 37:9)

흑암에 앉은 백성이 큰 빛을 보았고 사망의 땅과 그늘에 앉은 자들에게 빛이 비취었도다 하였느니라 (마 4:16)

산 자의 어미

하나님께 범죄한 여자가 하와(이브)라는 이름을 갖게 되면서 '산 자의 어미'로 불리운다. 의외의 내용인 듯하지만 하나님의 말씀을 살펴보면 진정한 의미를 발견하게 된다.

하나님께 범죄한 아담과 여자는 하나님의 낯을 피하여 동산 나무 사이에 숨었다. 하나님이 두려워 숨은 것이다.^{창 3:7, 8, 10} 하나님께 죄를 범한 사람은 하나님을 두려워해야 한다.^{마 10:28, 딤전 5:20, 히 4:1} 하나님께 범죄하고도 두려워하지 않는다면^{눅 23:40, 롬 3:18} 곤란하다. 또한 두려워하기만 하면^{요일 4:18, 계 21:8} 오히려 형벌이 따른다.

하나님께 범죄한 사람은 하나님께서 부르실 때 응답해야 한다.

아담을 하나님께서 부르셨다.

> 여호와 하나님이 아담을 부르시며 그에게 이르시되 네가 어디 있느냐 (창 3:9)

'네가 어디 있느냐' 부르시는 하나님의 음성은 누구에게나 해당된다.^{살전 4:7, 롬 11:29, 고전 1:24, 7:24} 내 자신이 지금 어디에 있는지 자신을 돌아볼 수 있는 마음이 중요하다. 세상에 허덕이고 사는 것이 사람의 모든 것은 아니다. 내가 과연 무엇 때문에 살고 있는지 돌아보는 것이다. 마음 깊은 곳에서 '네가 어디 있느냐' 부르시는 하나님께 응답하는 것이다. 그리고 하나님 앞에 의롭지 못한 자신을 발견할 수 있다.

아담은 솔직하게 하나님께 고백했다. '두려워서 숨었나이다'.^{창 3:10} 사람들은 하나님께 숨기려 한다. 하나님께서는 이미 다 알고 계신다.

> 하나님이여 나의 우매함을 아시오니 내 죄가 주의 앞에서 숨김이 없나이다 (시 69:5)

> 심히 교만한 말을 다시 하지 말 것이며 오만한 말을 너희 입에서 내지 말지어다 여호와는 지식의 하나님이시라 행동을 달아보시느니라

(삼상 2:3)

가장 현명한 방법은 아담이 한 것처럼 하나님께 솔직하게 자신의 두려움을 고백하는 것이다.

> 내가 이르기를 내 허물을 여호와께 자복하리라 하고 주께 내 죄를 아뢰고 내 죄악을 숨기지 아니하였더니 곧 주께서 내 죄의 악을 사하셨나이다(셀라) (시 32:5)

> 자기의 죄를 숨기는 자는 형통치 못하나 죄를 자복하고 버리는 자는 불쌍히 여김을 받으리라 (잠 28:13)

하나님께서 알고 계신 증거는 '내가 너더러 먹지 말라 명한 그 나무 실과를 네가 먹었느냐'창 3:11 물으시는 질문 속에서 확실히 알 수 있다. 하나님께 드러나지 않는 죄는 없다. 하나님께서는 모두 다 알고 계신다. 다만 하나님께서는 사람이 지은 죄를 시인하고 고백하면 그들을 죄에서 풀어주시기를 원하신다.

> 여호와는 자비로우시며 은혜로우시며 노하기를 더디하시며 인자하심이 풍부하시도다 항상 경책지 아니하시며 노를 영원히 품지 아니하시리로다 우리의 죄를 따라 처치하지 아니하시며 우리의 죄악을 따라 갚지 아니하셨으니 이는 하늘이 땅에서 높음 같이 그를 경외하는 자에게 그 인자하심이 크심이로다 동이 서에서 먼 것 같이 우리 죄과를 우리에게

서 멀리 옮기셨으며 아비가 자식을 불쌍히 여김 같이 여호와께서 자기를 경외하는 자를 불쌍히 여기시나니 이는 저가 우리의 체질을 아시며 우리가 진토임을 기억하심이로다 (시 103:8-14)

하나님께 고백하지 않고 숨기며 사는 일은 고통이다.

내가 토설치 아니할 때에 종일 신음하므로 내 뼈가 쇠하였도다 (시 32:3)

하나님께 자신의 두려움을 고백한 아담은 여자와 더불어 죄에서 벗어나 자유를 누리게 된다. 뱀의 유혹에 빠져 하나님께서 먹지 말라 하신 '선과 악을 아는 나무의 열매'를 먹고 아담에게도 준 여자가^{창 3:6} '산 자의 어미'가 된다. 산 자는^{사 38:19, 계 1:18} 죄로 말미암아 죽었다가 예수로 말미암아 살아난 자를 말한다.

이와 같이 너희도 너희 자신을 죄에 대하여는 죽은 자요 그리스도 예수 안에서 하나님을 대하여는 산 자로 여길지어다 (롬 6:11)

여자를 산 자라 부르는 이면에는 죽어 피를 흘린 짐승이 있다.

여호와 하나님이 아담과 그 아내를 위하여 가죽옷을 지어 입히시니라 (창 3:21)

사망에 이르는 죄 155

아담과 여자는 자신들을 가릴 옷이 없었다.^창 3:7 죄를 가릴 수 없었다.^사 59:6 그런데 하나님께서 가죽옷으로 그들을 가릴 수 있도록 해 주셨다. 죄를 가리워 주셨다.

> 허물의 사함을 얻고 그 죄의 가리움을 받은 자는 복이 있도다 (시 32:1)

> 그 불법을 사하심을 받고 그 죄를 가리우심을 받는 자는 복이 있고 (롬 4:7)

하나님께서 옷을 입혀 주시는 것은 죄를 사하시는 확실한 증거이다.

> 내가 여호와로 인하여 크게 기뻐하며 내 영혼이 나의 하나님으로 인하여 즐거워하리니 이는 그가 구원의 옷으로 내게 입히시며 의의 겉옷으로 내게 더하심이 신랑이 사모를 쓰며 신부가 자기 보물로 단장함 같게 하셨음이라 (사 61:10)

집을 나갔던 둘째 아들이^눅 15:11-24 허랑방탕하던 생활에서 돌이켜 아버지에게 왔을 때 옷을 입히시는 것이 바로 죄를 묻지 않으시고 용서하시는 증거이다.

> 아버지는 종들에게 이르되 제일 좋은 옷을 내어다가 입히고 손에 가락지를 끼우고 발에 신을 신기라 (눅 15:22)

죄 중에서 돌이켜 아버지께 돌아온 탕자를 하나님께서 '죽었다가 다시 살아났다'고 ᵘ 15:24 하신다. '산 자'이다. 아담과 함께 범죄한 여자가 '산 자의 어미'라 불리우는 근거가 바로 '죄 사함'이다. 가죽옷은 죽음을 통해 나온다. 예수께서 죽으심으로 죄인은 죄 사함을 받는다. 하나님께 죄를 지은 사람은 두려워 숨을 일이 아니라 하나님께 돌아와야 한다. 돌이켜야 한다. 그러면 하나님께서 살려주신다.

> 예수를 죽은 자 가운데서 살리신 이의 영이 너희 안에 거하시면 그리스도 예수를 죽은 자 가운데서 살리신 이가 너희 안에 거하시는 그의 영으로 말미암아 너희 죽을 몸도 살리시리라 (롬 8:11)

뱀은 여자에게 '결코 죽지 아니하리라' 하면서 미혹했다.

> 뱀이 여자에게 이르되 너희가 결코 죽지 아니하리라 (창 3:4)

뱀은 거기까지만 알고 있었다.

아담과 여자가 호흡하는 생명은 죽지 않았다.창 3:6, 7 그러나 그들은 죄에 대하여 죽은 자가 되었다.롬 5:12 사망 아래 놓인 것이다.롬 5:14, 7:5, 고전 15:56 이 일들은 필요한 일이다. 영원한 생명은 사망을 통과해서 존재하기 때문이다. 그래서 소중한 가치가 있는 것이다.

그의 죽으심은 죄에 대하여 단번에 죽으심이요 그의 살으심은 하나님
께 대하여 살으심이니 이와 같이 너희도 너희 자신을 죄에 대하여는 죽
은 자요 그리스도 예수 안에서 하나님을 대하여는 산 자로 여길지어다
(롬 6:10, 11)

친히 나무에 달려 그 몸으로 우리 죄를 담당하셨으니 이는 우리로 죄에
대하여 죽고 의에 대하여 살게 하려 하심이라 저가 채찍에 맞음으로 너
희는 나음을 얻었나니 (벧전 2:24)

그리스도께서도 한 번 죄를 위하여 죽으사 의인으로서 불의한 자를 대
신하셨으니 이는 우리를 하나님 앞으로 인도하려 하심이라 육체로는 죽
임을 당하시고 영으로는 살리심을 받으셨으니 (벧전 3:18)

내가 산 자의 땅에 있음이여 여호와의 은혜 볼 것을 믿었도다 (시 27:13)

두려워 숨었던 아담과 여자는 사망에서 벗어나 산 자가 되었다. 그러나 뱀
은 저주를 받았다.

여호와 하나님이 뱀에게 이르시되 네가 이렇게 하였으니 네가 모든 육
축과 들의 모든 짐승보다 더욱 저주를 받아 배로 다니고 종신토록 흙
을 먹을지니라 (창 3:14)

땅도 저주를 받았다.

> 아담에게 이르시되 네가 네 아내의 말을 듣고 내가 너더러 먹지 말라 한 나무 실과를 먹었은즉 땅은 너로 인하여 저주를 받고 너는 종신토록 수고하여야 그 소산을 먹으리라 (창 3:17)

땅에 속한 것은 사람에게 고통을 준다

> 위엣 것을 생각하고 땅엣 것을 생각지 말라 (골 3:2)

> 그러므로 땅에 있는 지체를 죽이라 곧 음란과 부정과 사욕과 악한 정욕과 탐심이니 탐심은 우상 숭배니라 (골 3:5)

이 땅은 영원한 불로 심판을 받을 것이다.

> 이제 하늘과 땅은 그 동일한 말씀으로 불사르기 위하여 간수하신 바 되어 경건치 아니한 사람들의 심판과 멸망의 날까지 보존하여 두신 것이니라 (벧후 3:7)

새 하늘과 새 땅은 예수께서 죄를 사하신 무리들을 위해 영원히 있을 것이다,

> 우리는 그의 약속대로 의의 거하는 바 새 하늘과 새 땅을 바라보도다 (벧후 3:13)

> 또 내가 새 하늘과 새 땅을 보니 처음 하늘과 처음 땅이 없어졌고 바다도 다시 있지 않더라 (계 21:1)

사망에서 벗어난 확증

사망에서 옮겨 새 생명으로 태어난 확증은 그리스도인과의 관계에서 확인된다.

> 우리가 형제를 사랑함으로 사망에서 옮겨 생명으로 들어간 줄을 알거니와 사랑치 아니하는 자는 사망에 거하느니라 (요일 3:14)

예수께서 흘리신 피로 말미암아 받은 죄 사함은 귀하다.[엡 1:7, 골 1:14, 요일 2:12] 하나님께서 주신 한 믿음을 가진 그리스도 안의 형제도 귀하다.[고후 4:13, 엡 4:5, 딛 1:4, 벧후 1:1]

하나님을 사랑한다 하면서 그리스도 안의 형제를 미워하거나 거리낌이 있는 사람은 세상에 속한 사람이다.

> 누구든지 하나님을 사랑하노라 하고 그 형제를 미워하면 이는 거짓말

하는 자니 보는 바 그 형제를 사랑치 아니하는 자가 보지 못하는 바 하나님을 사랑할 수 없느니라 (요일 4:20)

그의 형제를 사랑하는 자는 빛 가운데 거하여 자기 속에 거리낌이 없으나 그의 형제를 미워하는 자는 어두운 가운데 있고 또 어두운 가운데 행하며 갈 곳을 알지 못하나니 이는 어두움이 그의 눈을 멀게 하였음이니라 (요일 2:10, 11)

이런 사람은 가식적인 교인이다. 앞에서는 하나님을 사랑한다 말하면서 뒤로는 그리스도인을 불평하는 이중적인 사람이다. 마음속 깊은 곳에서는 예수께서 주신 죄 사함을 얻었다 하는 이들이 불편하다. 사망에서 생명으로 옮겨진 증거가 없는 사람이다. 왜냐하면 그리스도 안의 형제를 사랑하는 것은 노력이 아니고 자연적인 변화이기 때문이다.

형제 사랑에 관하여는 너희에게 쓸 것이 없음은 너희가 친히 하나님의 가르치심을 받아 서로 사랑함이라 (살전 4:9)

너희가 진리를 순종함으로 너희 영혼을 깨끗하게 하여 거짓이 없이 형제를 사랑하기에 이르렀으니 마음으로 뜨겁게 피차 사랑하라 (벧전 1:22)

육신의 형제는 동일한 부모로부터 출생한 사람들이다. 동일한 피를 이어받은 사람들이다. 그리스도 안의 형제는 예수의 피로 거룩해진 사람들이다.^{히 9:13, 14, 13:12} 하나님께로서 난 자들이다.^{요일 5:4, 18} 그들은 예수께서 주신 새 계명을 따라 서로 사랑한다.

> 새 계명을 너희에게 주노니 서로 사랑하라 내가 너희를 사랑한 것 같이 너희도 서로 사랑하라 너희가 서로 사랑하면 이로써 모든 사람이 너희가 내 제자인 줄 알리라 (요 13:34, 35)

> 내 계명은 곧 내가 너희를 사랑한 것 같이 너희도 서로 사랑하라 하는 이것이니라 (요 15:12)

> 그의 계명은 이것이니 곧 그 아들 예수 그리스도의 이름을 믿고 그가 우리에게 주신 계명대로 서로 사랑할 것이니라 (요일 3:23)

> 예수께서 그리스도이심을 믿는 자마다 하나님께로서 난 자니 또한 내신 이를 사랑하는 자마다 그에게 난 자를 사랑하느니라 (요일 5:1)

그리스도 안의 형제를 사랑하는 모습으로 거짓 없는 믿음을 확증한다.^{딤전 1:5-7, 딤후 1:5}

> 어느 때나 하나님을 본 사람이 없으되 만일 우리가 서로 사랑하면 하나님이 우리 안에 거하시고 그의 사랑이 우리 안에 온전히 이루느니라

(요일 4:12)

우리가 서로 사랑할지니 이는 너희가 처음부터 들은 소식이라 (요일 3:11)

그리스도 안의 형제 사랑은 신비이다.

형제가 연합하여 동거함이 어찌 그리 선하고 아름다운고 머리에 있는 보배로운 기름이 수염 곧 아론의 수염에 흘러서 그 옷깃까지 내림 같고 헐몬의 이슬이 시온의 산들에 내림 같도다 거기서 여호와께서 복을 명하셨으니 곧 영생이로다 (시 133:1-3)

그리스도 안의 형제를 사랑하는 모습으로 하나님의 자녀와 마귀의 자녀로 구분된다.

이러므로 하나님의 자녀들과 마귀의 자녀들이 나타나나니 무릇 의를 행치 아니하는 자나 또는 그 형제를 사랑치 아니하는 자는 하나님께 속하지 아니하니라 (요일 3:10)

사망에 이르는 죄

성경은 동일한 단어가 정반대의 내용으로 쓰이는 경우가 있다. '사망에 이르는 죄'가 그러하다.

예수께서 피 흘리심으로 사망에 이르는 죄'를 사함 받을 수 있는 길은 활짝 열렸다.마 26:28, 골 1:14, 요일 2:12 그런데 아직도 '사망에 이르는 죄'가 있다.

> 누구든지 형제가 사망에 이르지 아니한 죄 범하는 것을 보거든 구하라 그러면 사망에 이르지 아니하는 범죄자들을 위하여 저에게 생명을 주시리라 사망에 이르는 죄가 있으니 이에 대하여 나는 구하라 하지 않노라 모든 불의가 죄로되 사망에 이르지 아니하는 죄도 있도다
> (요일 5:16, 17)

죄는 둘로 구분된다 '사망에 이르는 죄'가 '사망에 이르지 아니하는 죄'로 용서된 경우이고 '사망에 이르는 죄'가 그대로 남아있는 경우이다. 이 둘은 절대적으로 다르다.

'사망에 이르지 아니하는 죄'는 하나님의 아들 예수께서 대속(代贖)하시는마 20:28, 막 10:45 죄이다. 대속은 예수의 생명으로 대신 치르시는 죄 값이다. 그래서 요한일서 5장 17절 말씀대로 모든 불의(不義)가 죄이지만 '사망에 이르지 아니하는 죄'가 있다. 하나님께서 주시는 은혜이다.엡 1:7, 2:8

용서되지 않은 '사망에 이르는 죄'는 그와 반대이다.

스스로 지혜 있다 하나 우준하게 되어 썩어지지 아니하는 하나님의 영광을 썩어질 사람과 금수와 버러지 형상의 우상으로 바꾸었느니라 그러므로 하나님께서 저희를 마음의 정욕대로 더러움에 내어 버려두사 저희 몸을 서로 욕되게 하셨으니 이는 저희가 하나님의 진리를 거짓 것으로 바꾸어 피조물을 조물주보다 더 경배하고 섬김이라 주는 곧 영원히 찬송할 이시로다 아멘 이를 인하여 하나님께서 저희를 부끄러운 욕심에 내어 버려 두셨으니 곧 저희 여인들도 순리대로 쓸 것을 바꾸어 역리로 쓰며 이와 같이 남자들도 순리대로 여인 쓰기를 버리고 서로 향하여 음욕이 불 일듯 하매 남자가 남자로 더불어 부끄러운 일을 행하여 저희의 그릇됨에 상당한 보응을 그 자신에 받았느니라 (롬 1:22-27)

하나님께서 더러움에 내어 버려두신 무리들이 있다. 사망에 이르는 죄 속에 사는 무리들이다. 음행하는 자들이다.

음행하는 자들

음행(淫行)은 엡 5:5, 히 13:4, 계 21:8, 22:15 **성욕으로 몸을 천하게 쓰는 사람에서 유래한 단어이다. 동성연애자들이다.** 고전 6:9, 딤전 1:10

사도들이 예루살렘에 모여 결의한 것 중에 특별히 금한 것이 음행이다. 금한 대상 중에 '우상의 제물', '피', '목매어 죽인 것'은 물건이지만 '음행'은 사람의 행실이다.

> 성령과 우리는 이 요긴한 것들 외에 아무 짐도 너희에게 지우지 아니하는 것이 가한 줄 알았노니 우상의 제물과 피와 목매어 죽인 것과 음행을 멀리 할지니라 이에 스스로 삼가면 잘되리라 평안함을 원하노라 하였더라 (행 15:28, 29)

음행은 자기 몸에 죄를 범하는 것이다.

> 음행을 피하라 사람이 범하는 죄마다 몸 밖에 있거니와 음행하는 자는 자기 몸에게 죄를 범하느니라 (고전 6:18)

하나님께서는 음행하는 자들과 사귀지도 말고 함께 먹지도 말라고 명령하셨다.

> 이제 내가 너희에게 쓴 것은 만일 어떤 형제라 일컫는 자가 음행하거나 탐람하거나 우상 숭배를 하거나 후욕하거나 술 취하거나 토색하거든 사귀지도 말고 그런 자와는 함께 먹지도 말라 함이라 (고전 5:11)

음행하는 자는 하나님 나라에 들어가지 못한다.

> 너희도 이것을 정녕히 알거니와 음행하는 자나 더러운 자나 탐하는 자 곧 우상 숭배자는 다 그리스도와 하나님 나라에서 기업을 얻지 못하리니 (엡 5:5)

> 불의한 자가 하나님의 나라를 유업으로 받지 못할 줄을 알지 못하느냐 미혹을 받지 말라 음란하는 자나 우상 숭배하는 자나 간음하는 자나 탐색하는 자나 남색하는 자나 도적이나 탐람하는 자나 술취하는 자나 후욕하는 자나 토색하는 자들은 하나님의 나라를 유업으로 받지 못하리라 (고전 6:9, 10)

음행과^{행 15:20, 29, 고전 6:18} 행음은^{계 2:14, 20, 17:2, 18:3, 9} 실질적 의미가 같은 단어이다.

행음하는 동성연애자들은 영원히 지옥불에 들어간다.

> 그러나 두려워하는 자들과 믿지 아니하는 자들과 흉악한 자들과 살인자들과 행음자들과 술객들과 우상 숭배자들과 모든 거짓말하는 자들은 불과 유황으로 타는 못에 참예하리니 이것이 둘째 사망이라 (계 21:8)

> 개들과 술객들과 행음자들과 살인자들과 우상 숭배자들과 및 거짓말을 좋아하며 지어내는 자마다 성 밖에 있으리라 (계 22:15)

음행하는 자들은 저희의 그릇됨에 상당한 보응을 받은 자들이다.^{롬 1:27} 그들을 위해 기도하는 것조차도 금하신다.^{요일 5:16}

음행하는 자들 외에도 하나님께 용서받지 못하는 죄가 더 있다. 성경에 확실하게 기록되어 있다.

이 세상과 오는 세상에도 사하심을 얻지 못하는 죄

> 그러므로 내가 너희에게 이르노니 사람의 모든 죄와 훼방은 사하심을 얻되 성령을 훼방하는 것은 사하심을 얻지 못하겠고 또 누구든지 말로 인자를 거역하면 사하심을 얻되 누구든지 말로 성령을 거역하면 이 세상과 오는 세상에도 사하심을 얻지 못하리라 (마 12:31, 32)

성령을 훼방하는 것도 절대로 용서되지 않는다. 영원히 용서받지 못한다. '영원한 죄'에 처해진다.^{막 3:29} 영원히 저주스러운 죄의 처벌을 감수해야 한다.

예수를 거역하는 것과는 구분된다. 하나님의 아들의 뜻을 따르지 아니했다 할지라도 충분히 용서받을 수 있다. 그러나 성령을 훼방하는 것은 다르다. 이 세상과 오는 세상에도 용서받지 못한다.

성령을 거역하는 것은 종교 지도자나 종교 조직을 거스르는 것과는 상관이 없다. 오히려 비정상적인 종교 지도자나 조직은 비난을 받아야 마땅하다.^{고후 11:13-15, 살후 2:3, 4, 벧후 2:1, 계 2:14-16, 20-23}

성령을 훼방하는 것은 헤치는 일이다.^{마 12:30, 눅 11:23}

> 나와 함께 아니하는 자는 나를 반대하는 자요 나와 함께 모으지 아니하는 자는 헤치는 자니라 그러므로 내가 너희에게 이르노니 사람의 모든 죄와 훼방은 사하심을 얻되 성령을 훼방하는 것은 사하심을 얻지 못하겠고 (마 12:30,31)

'헤치는 자'의 귀결이 '그러므로'로 이어지는 '성령을 훼방하는 것'이다. '성령을 훼방하는 자'가 '헤치는 자'이고 '헤치는 자'가 '예수와 함께 모으지 아니하는 자'이다.^{눅 11:23}

예수와 함께 모으는 자

우선 '예수와 함께 모으는 무리'가 있다. 성령을^{요 14:26} 훼방할 수 없는^{롬 8:16, 고후 1:22, 5:5, 갈 3:3} 무리이다. 예수께 죄 사함을 받은 사람들이다. 예수께서 자기 이름으로 보내신 성령으로 다시 태어나게 하시고 영생으로 이끄시며^{롬 5:21, 갈 6:8, 유 1:21} 지키신다.^{요 10:28, 요일 5:11} 그들은 영생을 믿으며^{행 13:48} 예수를 증거하며 산다. 그래서 그리스도에게 속한 자라 하여 '그리스도인'이라고 불린다.^{행 11:26} 그리스도인은 타인이 그들의 사는 모습을 보고 구별하여 부르기 시작한 호칭이다. 새 생명을 받은 증거이다. 그리스도인은 고난을 받아도 부끄러워하지 않고 하나님 나라를 위해 사는 사람이다.^{벧전 4:16} 의무적이거나 형식적이지 않고 늘 예수를 증거한다. 그들은 하나님의 사람이다.^{딤전 6:11} 예수를 통하여 사람들이 하나님께 화평하기만을 바랄 뿐이다.

화평케 하는 자는 복이 있나니 저희가 하나님의 아들이라 일컬음을 받을 것임이요 (마 5:9)

예수와 함께 모으는 사람은 사람을 외모로 대하지 않는다.삼상 16:7, 약 2:1, 9, 벧전 1:17 일상생활 중에 만나는 어떤 대상이라도 예수 그리스도의 복음을 전하고 싶은 마음만 가득하다. 상대방의 배경이나 출신 또는 사회적 지위 등 어느 것도 그들에게 중요하지 않다. 누구에게나 복음을 전한다. 예수를 따르는 제자들의 다양한 배경을 보면 알 수 있다. 학문 없는 범인들,행 4:13 문벌이 좋지 않은 자들,고전 1:26 학문이 많은 자,행 18:24, 26:24 종,몬 1:16 왕과 함께 자란 사람,행 13:1 부자,마 27:57 죄인 취급을 받는 세리,마 9:11, 막 2:16, 눅 5:30, 18:13, 19:2 창기, 마 21:32 구걸하는 앉은뱅이,행 3:2 제사장,행 6:7 귀부인행 17:4, 12 등등 모든 배경을 가진 이들이 예수 앞에 동등하다. 예수께 속한 그리스도인은 사람의 외모를 보지 않기 때문에 어떤 상대방에게도 늘 겸손하며 당당하다. 절대로 사람을 의지하지 않는다.요 2:24, 25

예수와 함께 모으는 사람들은 예수 그리스도 안의 형제가 이 세상에서 가장 소중하다.요 13:34, 35, 살전 4:9, 요일 3:11 거짓 형제로 말미암아고후 11:26, 갈 2:4 미말에 부친 자와 같이고전 4:9 어려움을 당해도고후 6:4, 히 10:33 그리스도께서 모으신 형제 안에서 마음을 같이 하며 위로를 받는다.고후 13:11, 몬 1:7 거리낌이 없이 형제 사랑 안에 거한다.요일 2:10

예수와 함께 모으는 사람들은 '먹을 것이 있고 입을 것이 있는 것을 족하게 여긴다'.딤전 6:8 재물을 탐하지 않는다. 재물을 많이 가지고 있는 것을 세상살이에 필요한 최고의 가치로 생각하지 않는다. 자기 손으로 수고하여 모은 재물을 복음을 위해 사용하고행 20:33-35, 살후 3:7-14 누구에게도 누를 끼치지 않는다. 경제적 여건에 어려움이 생겨도 변함없이 대접하는 주인의롬 16:23 삶을 산다. '쓸 것을 미리 아시는 하나님'을마 6:32 체험하고 '무엇을 먹을까 무엇을 마실까 구하지 말라'마 6:31 하신 예수의 가르치심을 깊이 배운다. 그들의 거처는 복음을 전하는 처소 역할을 한다.고전 16:19, 골 4:15, 몬 1:2 함께 모여 떡을 떼며 교제하는 즐거움이 있는 처소로서 만족한다.행 2:46

만약에 예수께서 돈을 벌기 위해 사셨다면 천하의 모든 재물을 소유하실 수도 있었다. 사도 바울도 권력을 이용할 수 있었다. 그러나 예수께서는 '하나님과 재물을 겸하여 섬길 수 없다'고마 6:24, 눅 16:13 말씀하셨다. 바울은 '풍부와 궁핍에도 일체의 비결을 배웠다'고빌 4:11-13 증거했다. 그리스도인의 삶은 재산의 소유 여부가 인생의 관건이 아니다. 복음을 전하고 돈을 받지 않는다.요 10:13 돈에 매이지 않기 때문에 하나님께서 인도하실 때마다 언제든지 떠날 수 있다.롬 16:17 하나님께서는 세상을 위한 능력과 자질보다 복음을 위해 섬기는 마음을 기뻐하신다.마 23:11, 요 12:26, 엡 6:7 복음을 위해 한 푯대만을 향해 달리는 열심을 기뻐하신다.고전 9:24, 25, 빌 3:14 예수 그리스도와 함께 모으는 일을 위해 택하셨다.롬 1:1, 엡 1:4

'예수와 함께 모으시 아니하는 자들'은 다르다. '헤치는 자들'은 전혀 다르다.

헤치는 자

헤치는 자들의 특징이 있다.

> 저희가 자기 기름에 잠겼으며 그 입으로 교만히 말하나이다 이제 우리의 걸어가는 것을 저희가 에워싸며 주목하고 땅에 넘어뜨리려 하나이다 저는 그 움킨 것을 찢으려 하는 사자 같으며 은밀한 곳에 엎드린 젊은 사자 같으니이다 여호와여 일어나 저를 대항하여 넘어뜨리시고 주의 칼로 악인에게서 나의 영혼을 구원하소서 여호와여 금생에서 저희 분깃을 받은 세상 사람에게서 나를 주의 손으로 구하소서 그는 주의 재물로 배를 채우심을 입고 자녀로 만족하고 그 남은 산업을 그 어린 아이들에게 유전하는 자니이다 (시 17:10-14)

헤치는 자들의 특징을 요약하면 재물로 배를 채우는 일과 자녀로 만족하는 일이다.시 17:14 그러면서 예수와 함께 모으는 자들을 넘어뜨리려 한다. 은밀한 곳에 엎드렸다가 사자같이 뛰어나와 교만하게 말한다. 예수와 함께 모으는 일은 마음 속에 없다. 머릿속은 온통 먹고 사는 일과 자식 생각으로 가득 차 있다. 이 목적을 위해 종교를 가진다. 모든 대화가 결국은 세상 사는 일과 자식 얘기로 흘러가고 만다. 예수와 함께 모은다는 간절함은 없다. 오히려 모여서 악을 쌓아 간다. 고전 11:17 먹고 마시고 시집가고 장가드는 일이 중요하다.마 24:38, 39 영광스러운 하나님의 백성들이고전 1:2, 엡 5:27, 벧전 2:9, 시 17:1-6 모이는 거룩한 모임 엡 5:27, 시 17:7, 11, 12 해를 입힌다.

헤치는 자들은 하나님께서 택하신 거룩한 백성들 사이에 번져 부풀게 하는 누룩이다.마 13:33, 눅 13:21, 고전 5:6, 갈 5:9 거룩한 하나님의 백성들 앞에 올무를 놓는 자들이다.계 2:14 세상을 기준으로 하나님의 백성을 비판하는 무리들이다. 음녀로 표현되는 바벨론은 세상 물건을 사고 팔면서 하나님의 백성들을 헤친 대표적인 모습이다. 심지어는 사람의 영혼도 사고 팔았다.계 17:1-5, 18:11-13

헤치는 자들은벧후 2:1, 2, 2:12, 유 6-8, 계 13:6, 17:14 세상 염려와 욕심을 위로받으려 한다. 그런 설교만 찾아 다닌다. 하나님 나라에 대해서는 눈이 멀고 귀가 먹었다.마 13:15, 롬 8:7, 11:8 복음을 전하는 신실한 사람과의 교류를 무시한다. 식구들과 이웃들이 복음을 전해 들을 기회를 막는다.마 10:37-39 복음만을 위해 사는 사람의 접근을 막으면 해를 받을 사람은 자기 식구들이다. 본인도 함께 해를 받을 것이다. 값없이 전파하며마 10:8 아무의 금이나 은을 취하지 않으며행 20:33, 살후 3:8 오직 복음만을 전하는 사람으로부터 거저 받으면서도 그들을 훼방한다. 자신을 위해 쓰는 돈은 아끼지 않으면서도 복음을 위해서는 인색하다.

간교한 방법으로 훼방하며 헤친다. 심술을 가지고 헤친다. 편당을 만드는 자도 있다. 예수와 함께 모으는 것이 아니고 자신을 위해 사람을 모은다. 교인들과 이기적인 관계만 형성한다. 결국은 그들의 본색을 드러낸다. 그리고 거짓말한다.마 15:19, 요 8:44, 고후 11:13

예수께서 분명히 말씀하셨다. '나와 함께 모으지 아니하는 자는 헤치는 자니라'. 이 세상과 오는 세상에도 사하심을 받지 못하는 영원한 죄이다.

> 누구든지 성령을 훼방하는 자는 사하심을 영원히 얻지 못하고 영원한 죄에 처하느니라 하시니 (막 3:29)

예수와 함께 모으지 아니하는 자는 성령을 훼방하는 자이다. 헤치는 자, 성령을 훼방하는 자, 예수와 함께 모으지 자는 그 범위가 대단히 넓다. 그 수가 많다. '멸망으로 들어가는 자는 많고 생명으로 인도하는 길을 찾는 자는 수가 적다.' ^{마 7:13, 14, 눅 13:24}

헤치는 자와 함께 모으는 자의 판별은 성령과 맺어진 관계가 기준이 된다. 성령으로 난 사람은 자연스럽게 예수와 함께 모은다. 분리나 헤치는 일이 관여할 수 없는 고유한 관계다.

성령으로 난 사람

성령으로 난 사람은^{요 3:6, 8} 하나님의 자녀이다.^{롬 8:16} 하나님의 자녀들 안에 성령이 거한다.^{고전 3:16} 성령으로 하나된 무리들이다.^{엡 2:22, 4:4} 선한 양심이 하나님을 향하여 찾아가며 산다.^{벧전 3:21}

성령은 예수께서 이르신 말씀 모든 것을 생각나게 하고 가르친다.

> 보혜사 곧 아버지께서 내 이름으로 보내실 성령 그가 너희에게 모든 것을 가르치시고 내가 너희에게 말한 모든 것을 생각나게 하시리라 (요 14:26)

성령으로 세례를 받은 사람은^{행 1:5, 10:45} 예수를 그리스도와 주로 섬긴다.^{행 2:36, 18:28, 고전 1:23, 12:3, 딤전 2:5}

성령이 교회들에게 주시는 말씀을^{계 2:7, 11, 17, 29, 3:6, 13, 22} 따라 이기며 사는 자들이다.^{계 2:6, 7, 10, 11, 17, 25-27, 3:4, 5, 11, 12, 20, 21} 사데 교회에는 몇 명이 있었다.^{계 3:4}

성령을 오해한 사람도 있다.

세례를 받는 것과 성령을 받는 것은 성경대로 이해해야 한다. 예수의 이름으로 세례를 받고도 성령을 받지 못한 사람이 있다.

> 이는 아직 한 사람에게도 성령 내리신 일이 없고 오직 주 예수의 이름으로 침례만 받을 뿐이러라 (행 8:16)

예수를 자세히 가르치면서도 세례를 제대로 알지 못한 사람도 있다.

> 그가 일찍 주의 도를 배워 열심으로 예수에 관한 것을 자세히 말하며 가르치나 요한의 침례만 알 따름이라 (행 18:25)

방언을 받은 것이 성령을 받은 증거도 아니다. 방언은 성령의 선물이다.^{행 19:6} 성령을 받은 후에 하나님의 은사로 방언이 주어지는 사람도 있을 따름이다.

사망에 이르는 죄 175

어떤 이에게는 능력 행함을, 어떤 이에게는 예언함을, 어떤 이에게는 영들 분별함을, 다른 이에게는 각종 방언 말함을, 어떤 이에게는 방언들 통역함을 주시나니 (고전 12:10)

방언을 받은 것과 성령을 받은 것을 절대로 혼동해서는 안된다. 울리는 꽹과리일 수도 있다.

내가 사람의 방언과 천사의 말을 할지라도 사랑이 없으면 소리나는 구리와 울리는 꽹과리가 되고 (고전 13:1)

병 고침을 받은 것도 성령과 구분해야 한다. 예수께서 열 명의 문둥병자를 고치셨지만 한 사람만 예수께 돌아왔다. 돌아온 한 사람만 인정하셨다.

예수께서 대답하여 가라사대 열 사람이 다 깨끗함을 받지 아니하였느냐 그 아홉은 어디 있느냐 이 이방인 외에는 하나님께 영광을 돌리러 돌아온 자가 없느냐 하시고 그에게 이르시되 일어나 가라 네 믿음이 너를 구원하였느니라 하시더라 (눅 17:17-19)

신비한 체험도 위험하다. 신비 체험은 마귀가 준 것이다. 살후2:9-12, 계 13:11-14, 신 13:1-3 성령과는 절대로 관계가 없다.

악한 자의 임함은 사단의 역사를 따라 모든 능력과 표적과 거짓 기적과 불의의 모든 속임으로 멸망하는 자들에게 임하리니 이는 저희가 진리의 사랑을 받지 아니하여 구원함을 얻지 못함이니라 이러므로 하나님이 유혹을 저의 가운데 역사하게 하사 거짓 것을 믿게 하심은 진리를 믿지 않고 불의를 좋아하는 모든 자로 심판을 받게 하려 하심이니라
(살후 2:9-12)

성령으로 난 것은 영이고 육으로 난 것은 육이다.

육으로 난 것은 육이요 성령으로 난 것은 영이니 (요 3:6)

성령으로 난 자를 핍박하는 자는 육으로 난 자이다.

그러나 그 때에 육체를 따라 난 자가 성령을 따라 난 자를 핍박한 것 같이 이제도 그러하도다 (갈 4:29)

자기의 육체를 위하여 심는 자는 육체로부터 썩어진 것을 거두고 성령을 위하여 심는 자는 성령으로부터 영생을 거두리라 (갈 6:8)

저희가 자기 기름에 잠겼으며 그 입으로 교만히 말하나이다 이제 우리의 걸어가는 것을 저희가 에워싸며 주목하고 땅에 넘어뜨리려 하나이다 (시 17:10,11)

육으로 사는 자는 둘째 사망의 해를 받게 된다.

둘째 사망

육으로 난 사람은 사망 아래 태어난 상태로 산다.^{롬 7:5, 8:6-8} 아담이 범죄함으로 이 세상에 온 사망이다.^{롬 5:14}

아담으로 말미암은 사망은 예수 그리스도의 부활하신 생명으로 말미암아^{요 11:25} 새로운 생명이 된다.^{벧전 1:3} 사망을 벗어난다.^{고전 15:21, 계 20:6}

그러나 이 새로운 생명을 가지지 못한 사람은 사망 아래 살다가 불못에 들어가게 된다. 그것을 '둘째 사망'이라고 부른다. 아담의 범죄로 말미암아 온 사망은 첫째 사망이고 영원히 해를 받는 것은 둘째 사망이다.^{계 2:11, 20:14, 21:8} '사망에 이르는 죄'라는 의미는 둘째 사망에 이르는 죄를 뜻한다. 예수께 죄 사함을 받지 못한 죄는 둘째 사망에 이르게 된다.

> 그러나 두려워하는 자들과 믿지 아니하는 자들과 흉악한 자들과 살인자들과 행음자들과 술객들과 우상 숭배자들과 모든 거짓말하는 자들은 불과 유황으로 타는 못에 참예하리니 이것이 둘째 사망이라 (계 21:8)

너희가 육신대로 살면 반드시 죽을 것이로되 영으로써 몸의 행실을 죽

이면 살리니 (롬 8:13)

둘째 사망의 해를 받지 않기 위해서 예수 그리스도의 말씀에 귀를 기울여야 하는 이유이다.

귀 있는 자는 성령이 교회들에게 하시는 말씀을 들을지어다 이기는 자는 둘째 사망의 해를 받지 아니하리라 (계 2:11)

사망의 마지막 결과

사망은 마지막으로 멸망을 받는다.

맨 나중에 멸망 받을 원수는 사망이니라 (고전 15:26)

하나님께서 심판하실 것이다.

그러므로 하루 동안에 그 재앙들이 이르리니 곧 사망과 애통과 흉년이라 그가 또한 불에 살라지리니 그를 심판하신 주 하나님은 강하신 자이심이니라 (계 18:8)

하나님께서는 사망을 영원한 흑암 속에 가두실 것이다. 사망은 음부와 함께 존재한다.

> 사망과 음부도 불못에 던지우니 이것은 둘째 사망 곧 불못이라 (계 20:14)

육으로 난 자는 사망과 음부와 함께 영원히 함께 있을 것이다.

> 사망 중에서는 주를 기억함이 없사오니 음부에서 주께 감사할 자 누구리이까 (시 6:5)

사망의 마지막 결과인 영원한 불못을 피하는 방편은 하나님께서 예수 그리스도로 인하여 주시는 영생이다. 영생은 은사이다. 은사(恩賜)는 하나님께서 주시는 선물이다.

> 죄의 삯은 사망이요 하나님의 은사는 그리스도 예수 우리 주 안에 있는 영생이니라 (롬 6:23)

영생이 없는 사람은 죄 중에 사는 사람이다. 죄는 상당한 책임이 따른다. 죄는 사망으로 값을 치러야 한다.

회개에 합당한 열매

회개는 중요하다. 새롭게 살 수 있기 때문이다. 확실하게 변화할 수 있는 좋은 기회를 주는 것이 회개이다. 잘못된 생활에서 벗어나 후회를 반복하지 말아야 한다. 바르게 사는 길을 찾아봐야 한다.

회개

회개(悔改)는 단어 그 자체로 '뉘우치고 고치다'라는 뜻이다.

회개는 고치는 것까지 포함되어야 한다. 잘못을 뉘우치기만 하면 의미상으로도 적합하지 않다.

영어는 '방향을 바꾼다'와 '마음을 바꾼다'는 뜻을 포함하고 있다.

구약에서는 '후회하다'와 민 23:19 '돌이키다'라는 왕상 8:47, 대하 6:37 히브리어 단어가 회개로 번역되었다. 욥 42:6, 렘 8:6, 시 7:12, 겔 18:30 이 단어가 회개로 번역되지 않은 경우도 아주 많다. '한숨 쉬다'에서 파생되어 '미안하다', '뉘우치다'로도 쓰였고 '수리하다', '돌려주다' 등으로도 쓰였다.

| 후회하다(Strong's #5162) |
| 돌이키다(Strong's #7725) |
| 한숨쉬다(Strong's #5162) |
| 수리하다(Strong's #7725) |

신약에서는 '더 좋게 바꾸다'라는 의미의 헬라어 단어가 쓰였다. '더 좋은 것을 위한 마음이나 목적의 변화'라는 의미를 함께 가지고 있다.

신약 성경에서 회개라는 단어가 쓰인 곳들은 특이하다. 예수께서 하신 첫 번째 설교가 '회개하라'이다. 마 4:17, 막 1:15 이 말씀 속에 사람에게 전하시는 복음이 함축적으로 담겨있다. 이어서 '천국이 가까왔느니라'고 말씀하신 것을 보면 알 수 있다. 마음을 두드려 깨우시고 눈을 들어 하늘나라를 바라게 하시는 위력을 가진 말씀이시다.

회개라는 단어가 사도행전과 요한계시록에서 가장 많이 쓰인 것도 독특하다. 복음을 전파하는 사도들의 행적을 기록한 사도행전과 세상의 심판이 포함된 요한계시록에 가장 많이 쓰인 점은 상당한 의미를 준다. 회개는 복음과 심판에 직접적으로 연결되어 있음을 알 수 있다. 사람은 복음의 말씀에 귀를 기울여야 하고 회개의 결과에 책임을 져야 한다.

하나님께 대한 회개

회개는 방향이 있어야 한다. 돌이키고 나아가는 방향이 없으면 결과가 없다. 자책하고 잘못을 인정한다 해도 후회스러운 일이 반복될 수밖에 없다. 올바른 방향으로 나아가야 한다. 늘 걱정만 하는 것은 회개가 아니다.

하나님의 뜻대로 하는 근심은 후회할 것이 없는 구원에 이르게 하는 회

개를 이루는 것이요 세상 근심은 사망을 이루는 것이니라 (고후 7:10)

회개는 하나님께로 방향을 돌이키는 것이다.

먼저 다메섹에와 또 예루살렘에 있는 사람과 유대 온 땅과 이방인에게까지 회개하고 하나님께로 돌아가서 회개에 합당한 일을 행하라 선전하므로 (행 26:20)

유대인과 헬라인들에게 하나님께 대한 회개와 우리 주 예수 그리스도께 대한 믿음을 증거한 것이라 (행 20:21)

'하나님께 대한 회개'는 회개의 목적지와 결과가 하나님께로 향한다는 것이다. '지금까지 살던 방향을 하나님께로 돌려라. 그리고 회개에 좋은 결과를 이루도록 노력을 하라'이다. 구체적으로 자신의 변화를 보여주는 노력이다.

사람은 완전하지 않다. 그리고 결국은 홀로 존재한다. 종국적 견지에서 보면 모든 주변 사람도 모든 주변 환경도 자신만의 결과로 귀결된다. 결국 존재하는 것은 스스로이다. 태어나고 병들고 죽고 하는 모든 과정이 자신만의 것이다. 이 세상 아무도 대신해 줄 수 없다. 그리고 일시적이다. 산다는 자체가 일시적이다.

내일 일을 너희가 알지 못하는도다 너희 생명이 무엇이뇨 너희는 잠간

보이다가 없어지는 안개니라 (약 4:14)

이러므로 저희는 아침 구름 같으며 쉽게 사라지는 이슬 같으며 타작 마당에서 광풍에 날리우는 쭉정이 같으며 굴뚝에서 나가는 연기 같으리라 (호 13:3)

사람이 이 땅에 사는 것은 잠깐 있다가 없어지는 안개와 같은 것이다. 광풍에 날리는 쭉정이 같다. 굴뚝에 나는 연기와 같은 것이 사람의 생명이다.

하나님께서는 영원하시다. 회개는 영원하신 하나님께로[시 90:2, 렘 10:10] 돌이키는 것이다. 마음을 돌이키면 새로운 길이 보인다. 영원한 것이 있다.

이 세상도 그 정욕도 지나가되 오직 하나님의 뜻을 행하는 이는 영원히 거 하느니라 (요일 2:17)

하나님께서는 모든 사람에게 가까이 계신다.

내가 두루 다니며 너희의 위하는 것들을 보다가 알지 못하는 신에게라고 새긴 단도 보았으니 그런즉 너희가 알지 못하고 위하는 그것을 내가 너희에게 알게 하리라 우주와 그 가운데 있는 만유를 지으신 신께서는 천지의 주재시니 손으로 지은 전에 계시지 아니하시고 또 무엇이 부족한 것처럼 사람의 손으로 섬김을 받으시는 것이 아니니 이는 만민에게 생명과 호흡과 만물을 친히 주시는 자이심이라 인류의 모든 족속을 한 혈통으로 만드사 온 땅에 거하게 하시고 저희의 연대를 정하시며 거주의 경계를 한하셨으니 이는 사람으로 하나님을 혹 더듬어 찾아 발견케 하려 하심이로되 그는 우리 각 사람에게서 멀리 떠나 계시지 아니하도다 (행 17:23-27)

사람들은 누군가를 섬기려 한다. 그러나 섬기는 대상을 잘못 알고 있다. 조금만 자신을 돌아보아도 하나님을 느낄 수 있는데 섬기는 대상에 대해 무지하다. 자신의 생명에 대한 현실적 감각이 없다. 늘 호흡할 수 있는가? 아니다. 호흡은 자신의 의지로 작용하지 않는다. 본인의 의지로 중단하고자 하면 얼마나 장시간을 중단할 수 있는가? 시간이 길어지면 영원히 호흡이 중단되고 만다. 죽는다는 얘기다. 호흡을 더욱 빠른 속도로 진행할 수 있는가? 아니다. 일시적으로만 가능하다. 호흡은 철저히 객관적이다. 자신의 의지로 다스릴 수 없다. 호흡의 주체는 하나님이시기 때문이다. 하나님께서 모든 사람에게 친히 호흡을 주시기 때문에 누구든지 동일하게 호흡하며 산다.

이렇게 자기 자신의 호흡마저도 하나님께 의존하고 살면서 하나님을 의식하지 못하고 살아온 것을 뉘우쳐야 한다. 모든 것이 하나님의 손에 달려 있다는 것을 아는 지름길이다.

아직도 호흡은 자신의 것이라고 우긴다면 미련한 사람이다. 사람의 호흡은 단 한 순간마저도 하나님께서 주시는 것이다. 예외 없는 불변의 진리이다. 하나님께서 호흡을 거두시는 날이 그 사람이 이 세상을 떠나는 날이다. 죽는 날이다. 사람이 계획한 대로 호흡하며 사는 세상이 주어지지 않았다. 다만 사람들이 착각하고 있는 것뿐이다.

생명을 친히 주시는 하나님께로 돌아와야 한다. 지금까지 살아온 인생이 자기 노력이라고 고집한다면 그 속에 있는 고생과 슬픔은시 90:10, 전 2:23 누구에게 보상받을 것인가. 공허함은 무엇인가.사 41:29 하나님께서 주시는 행복은 알고 있는가.롬 4:6 변화된 생활을 바라는 사람은 하나님을 알 수 있다.전 3:12, 13

소나 나귀도 주인을 알아보는데사 1:3 하물며 사람이 주인을 몰라보는 미련함은 짐승만도 못하다.

하나님께로 돌아서는 회개가 왜 그렇게 중요한지 알 수 있다. 매일 먹고 사는 일에 매여만 살 수 없다. 또한 늘 후회하고 뉘우치고 갈등하며 살 수만은 없다. 모든 사는 방향을 하나님께로 돌이켜야 한다.

신선한 날

베드로가 솔로몬의 행각에 모여든 사람들에게 설교한 적이 있다. 성전 미문에 앉아 있던 앉은뱅이를 고치고 나서다. 베드로는 하나님께 죄를 범한 것에 대해서 '너희가 알지 못하여서 그리한 줄 아노라' 하면서 '회개하고 돌이켜 죄 사함을 받으라'고 한다. '이같이 하면 유쾌한 날이 이를 것이다'라고 한다.행 3:12-26

> 그러므로 너희가 회개하고 돌이켜 너희 죄 없이 함을 받으라 이같이 하면 유쾌하게 되는 날이 주 앞으로부터 이를 것이요 (행 3:19)

유쾌한 날은 '상쾌한 날' 또는 '신선한 날'이다. 회개하고 죄 사함을 받으면 그런 날이 온다.

회개하라

회개는 자기의 죄에서 벗어나는 것이다.

> 그 때 마침 두어 사람이 와서 빌라도가 어떤 갈릴리 사람들의 피를 저희의 제물에 섞은 일로 예수께 고하니 대답하여 가라사대 너희는 이 갈릴리 사람들이 이같이 해 받음으로써 모든 갈릴리 사람보다 죄가 더 있는 줄 아느냐 너희에게 이르노니 아니라 너희도 만일 회개치 아니하면 다 이와 같이 망하리라 또 실로암에서 망대가 무너져 치어 죽은 열여덟 사람이 예루살렘에 거한 모든 사람보다 죄가 더 있는 줄 아느냐 너희에게 이르노니 아니라 너희도 만일 회개치 아니하면 다 이와 같이 망하리라 (눅 13:1-5)

로마 총독 빌라도가 갈릴리 사람들의 제물에 피를 섞은 일은 끔찍한 사건이다.

사람들이 와서 갈릴리에서 일어난 사건을 예수께 말씀드렸다. 예수께서 물으셨다. 너희는 갈릴리 사람들이 이런 나쁜 일을 당한 것은 다른 사람들보다 더 나쁜 죄를 지었기 때문이라고 생각하느냐. 예수께서 이어서 말씀하셨다. 내가 너희에게 말하는데, 아니다. 너희도 회개하지 않는다면 모두 다 이처럼 끔찍한 해를 받으리라.

사람들은 그 일을 당한 사람들이 더 나쁜 죄를 지어서 재앙을 받았다고 생각한다. 쉽게 정죄도 하고 단정도 한다. 예수께서는 그들의 마음을 꿰뚫어 아셨다. 화살을 그들에게 돌리셨다. '너희도 회개치 않으면 같은 지경에 처할 수 있다'고 말씀하셨다.

다른 사람은 나보다 더 큰 죄를 짓고 산다고 생각하면서 자신의 죄는 반성하지 않고 살다가 큰 화를 당할 수 있다. 자신의 죄에서 벗어나야 한다.

회개치 않으면 그 사람은 못된 나무로 존재하는 것이다.

못된 나무

못된 열매 맺는 좋은 나무가 없고 또 좋은 열매 맺는 못된 나무가 없느니라 나무는 각각 그 열매로 아나니 가시나무에서 무화과를, 또는 찔레에서 포도를 따지 못하느니라 선한 사람은 마음의 쌓은 선에서 선을 내고 악한 자는 그 쌓은 악에서 악을 내나니 이는 마음에 가득한 것을

입으로 말함이니라 (눅 6:43-45)

사실상 이 말씀은 자신의 죄를 가볍게 생각하는 사람에게 하신 말씀이다. 타인의 죄는 비판하면서 자기의 잘못은 뉘우치지 않는 사람이다. 못된 나무이다.

> 어찌하여 형제의 눈 속에 있는 티는 보고 네 눈 속에 있는 들보는 깨닫지 못하느냐 너는 네 눈 속에 있는 들보를 보지 못하면서 어찌하여 형제에게 말하기를 형제여 나로 네 눈 속에 있는 티를 빼게 하라 할 수 있느냐 외식하는 자여 먼저 네 눈 속에서 들보를 빼어라 그 후에야 네가 밝히 보고 형제의 눈 속에 있는 티를 빼리라 (눅 6:41, 42)

마음

예수께서 하신 진단은 명쾌하다. '네 죄가 더 크다'는 말씀이시다. 원인은 마음이 악해서 그렇다는 것이다.^{눅 6:45}

> 입에서 나오는 것들은 마음에서 나오나니 이것이야말로 사람을 더럽게 하느니라 (마 15:18)

> 깨끗한 자들에게는 모든 것이 깨끗하나 더럽고 믿지 아니하는 자들에게는 아무 것도 깨끗한 것이 없고 오직 저희 마음과 양심이 더러운

지라 (딛 1:15)

사람의 선하고 악한 행실은 마음에서부터 시작된다. 사람의 마음은 그 사람을 나타내는 척도이다. 무엇을 보느냐 하는 것이 중요하지 않고 마음으로 어떻게 걸러 내느냐가 중요하다.

마음 여부에 따라 행실이 달라진다.

사람은 선한 일과 악한 일을 아는 지식이 있다.^{창 2:9, 17, 3:5, 22, 롬 7:19} 선하게 살고자 하는 마음도 있고^{잠 11:27} 악한 것이 무엇인지도 안다.^{겔 36:31}

문제는 선하게 살고자 하는데 행실이 따라주지 않는 것이다. 사람은 그 근본을 바꾸기가 어렵다.

구스인이 그 피부를, 표범이 그 반점을 변할 수 있느뇨 할 수 있을진대 악에 익숙한 너희도 선을 행할 수 있으리라 (렘 13:23)

죄를 짓는 일에 익숙한 사람이 과연 변할 수 있겠느냐고 하시는 말씀이시다. 구스인은 에티오피아인이다. 스스로 그 피부색을 바꿀 수 없다. 표범도 반점을 스스로 바꿀 수 없다. 그와 마찬가지로 죄에 익숙한 사람은 스스로 깨끗해질 수 없다.

예레미야 13장 23절은 하나님께 범죄한 예루살렘을 두고 하신 말씀이다.^{렘 13:9, 13} 예루살렘은 종교가 사람을 선하게 만들지 못한다는 사실을 보여준다. 하나님께서 택하신 백성인데 늘 하나님께 범죄했다. 이스라엘 사람들에게는 하나님의 예배가 주어졌다.^{롬 9:4} 그러나 그들은 늘 하나님을 거역하며 살았다.^{신 9:7} 종교적인 행위가 사람의 마음을 완벽하게 새롭게 변화시키지 못하는 증거이다.

예수께서 서기관들과 바리새인들을 같은 이유로 책망하셨다.

> 화 있을진저 외식하는 서기관들과 바리새인들이여 잔과 대접의 겉은 깨끗이 하되 그 안에는 탐욕과 방탕으로 가득하게 하는도다 소경된 바리새인아 너는 먼저 안을 깨끗이 하라 그리하면 겉도 깨끗하리라
> (마 23:25, 26)

종교적인 행위는 외형에만 그칠 수 있다. 잔과 대접의 겉만 닦는 것과 같을 수 있다. 안에는 더러운 것이 그대로 남아 있을 수 있다. 겉과 속이 다르다. 마음은 더러운데 겉으로는 선한 사람으로 보이려 한다. 종교를 가면으로 내세우며 산다.

마음이 깨끗해지는 것이 먼저다. 그러면 외형적으로도 깨끗지는 것이다. 마음을 깨끗이 하지 않고 겉으로만 종교인의 생활을 하는 것은 회개가 아니다.

회개에 합당한 열매

회개는 합당한 열매를 맺어야 한다.^{마 3:8, 눅 3:8} 사람의 노력은 한계가 있다. 하나님의 아들 예수께서 도우시면 하나님께서 원하시는 좋은 열매를 맺을 수 있다.

예수께서 참 포도나무이시고 하나님께서는 농부이시다.^{요 15:1} 예수께 붙어 있는 가지는 많은 열매를 맺는다.^{요 15:5} 예수께서 주시는 죄 사함을 받으면 그의 생명 안에 살게 되고^{마 9:2, 요 8:11, 행 2:38, 롬 5:15-17} 저절로 열매를 맺는다.^{요 15:4}

'죄 사함을 얻게 하는 회개'가 있다.^{행 3:19}

> 요한이 요단 강 부근 각처에 와서 죄 사함을 얻게 하는 회개의 침례를 전파하니 (눅 3:3)

> 또 그의 이름으로 죄 사함을 얻게 하는 회개가 예루살렘으로부터 시작하여 모든 족속에게 전파될 것이 기록되었으니 (눅 24:47)

> 이스라엘로 회개케 하사 죄 사함을 얻게 하시려고 그를 오른손으로 높이사 임금과 구주를 삼으셨느니라 (행 5:31)

> 그러므로 너의 이 악함을 회개하고 주께 기도하라 혹 마음에 품은 것

을 사하여 주시리라 (행 8:22)

뉘우치고 돌이키면 죄 사함을 얻는다. 죄 사함을 주는 권세는 예수께서 가고 계신다. 마 9:6, 막 2:10, 눅 5:24

저에 대하여 모든 선지자도 증거하되 저를 믿는 사람들이 다 그 이름을 힘입어 죄 사함을 받는다 하였느니라 (행 10:43)

그러므로 형제들아 너희가 알 것은 이 사람을 힘입어 죄 사함을 너희에게 전하는 이것이며 (행 13:38)

미쁘다 모든 사람이 받을 만한 이 말이여 그리스도 예수께서 죄인을 구원하시려고 세상에 임하셨다 하였도다 죄인 중에 내가 괴수니라 (딤전 1:15)

그리스도께서도 한 번 죄를 위하여 죽으사 의인으로서 불의한 자를 대신하셨으니 이는 우리를 하나님 앞으로 인도하려 하심이라 육체로는 죽임을 당하시고 영으로는 살리심을 받으셨으니 (벧전 3:18)

염소와 송아지의 피로 아니하고 오직 자기 피로 영원한 속죄를 이루사 단번에 성소에 들어가셨느니라 (히 9:12)

그 아들 안에서 우리가 구속 곧 죄 사함을 얻었도다 (골 1:14)

죄 사함을 얻으면 예수께 속한 백성이 된다

너희가 그리스도께 속한 자면 곧 아브라함의 자손이요 약속대로 유업을 이을 자니라 (갈 3:29)

그리스도께 속한 자들은 당연히 열매를 맺게 된다. 회개에 합당한 열매이다. 열매를 맺으려고 힘에 겨운 노력을 하지 않고도 맺히는 열매이다. 예수께서 참 포도나무이시고 하나님께서 농부이시기 때문에 가능한 일이고 당연한 일이다.

오직 성령의 열매는 사랑과 희락과 화평과 오래 참음과 자비와 양선과 충성과 온유와 절제니 이같은 것을 금지할 법이 없느니라 (갈 5:22, 23)

성령의 열매를 맺는 일을 금지할 법이 없다고 말씀하셨다.

열매

열매는 빛의 열매를 말한다.

빛의 열매는 모든 착함과 의로움과 진실함에 있느니라 (엡 5:9)

회개는 열매로 측정된다. 내가 과연 진정한 회개 속에 있는지 알 수 있는 척도가 열매이다. 나무가 아니고 열매이다.

교인들은 잘못을 시인하거나 고백한 것을 회개로 여긴다. 잘못된 언행이나 행위가 반복되는데도 회개했다고 한다. 철저한 오해다.

하나님께서는 회개하고 죄에서 떠나라고 명령하신다.

> 나 주 여호와가 말하노라 이스라엘 족속아 내가 너희 각 사람의 행한 대로 국문할지니라 너희는 돌이켜 회개하고 모든 죄에서 떠날지어다 그리한즉 죄악이 너희를 패망케 아니하리라 (겔 18:30)

죄인이 회개하면 하늘에서 기뻐하신다.^{눅 15:7}

> 내가 너희에게 이르노니 이와 같이 죄인 하나가 회개하면 하나님의 사자들 앞에 기쁨이 되느니라 (눅 15:10)

세례 요한은 자기에게 세례를 받으려고 나아온 무리들에게 회개에 합당한 열매를^{마 3:8, 눅 3:8} 맺으라고 했다.

> 요한이 많은 바리새인과 사두개인이 짐례 베푸는 데 오는 것을 보고 이르되 독사의 자식들아 누가 너희를 가르쳐 임박한 진노를 피하라 하더냐 그러므로 회개에 합당한 열매를 맺고 속으로 아브라함이 우리 조상

이라고 생각지 말라 내가 너희에게 이르노니 하나님이 능히 이 돌들로도 아브라함의 자손이 되게 하시리라 이미 도끼가 나무 뿌리에 놓였으니 좋은 열매 맺지 아니하는 나무마다 찍혀 불에 던지우리라
(마 3:7-10)

사실상 이 문제는 심각하다. 열매는 의외로 가장 핵심적인 것이다. 왜냐하면 실질적인 기준으로 검증해 볼 수 있기 때문이다. 회개에 합당한 열매가 있으면 분명한 하나님의 자녀이고^{약 1:18, 롬 6:22} 아니면 멸망의 자녀이기^{유 12, 롬 7:5} 때문이다.

사람이 하나님께서 원하시는 회개에 합당한 열매를 맺는 일은 지속적이어야 한다. 다시 말하면 회개에 합당한 열매 맺는 일이 일시적이거나 단발적이지 않다는 것이다. 계속되어야 한다는 것이다.

새 술은 새 부대에

새 술은 새 부대에 넣어야 부대가 터지지 않는다.

새 포도주를 낡은 가죽 부대에 넣지 아니하나니 그렇게 하면 부대가 터져 포도주도 쏟아지고 부대도 버리게 됨이라 새 포도주는 새 부대에 넣어야 둘이 다 보전되느니라 (마 9:17)

새 포도주를 낡은 가죽 부대에 넣는 자가 없나니 만일 그렇게 하면 새 포도주가 부대를 터뜨려 포도주와 부대를 버리게 되리라 오직 새 포도주는 새 부대에 넣느니라 하시니라 (막 2:22)

새 포도주를 낡은 가죽 부대에 넣는 자가 없나니 만일 그렇게 하면 새 포도주가 부대를 터뜨려 포도주가 쏟아지고 부대도 버리게 되리라 새 포도주는 새 부대에 넣어야 할 것이니라 (눅 5:37, 38)

사람들은 자신이 바뀌지 않은 낡은 부대임을 모른다. 낡은 부대에 새 포도주(성령)를 넣으면 감당하지 못한다. 빛의 자녀다운 엡 5:8 선한 행실을 행하며 딤전 5:10, 벧전 2:12 살지 못한다. 죄를 지으며 사는 생활을 벗어나지 못한다. 완전히 새로워진 마음을 가진 사람만 지속적으로 성령의 열매를 맺을 수 있다.

그러므로 내 형제들아 너희도 그리스도의 몸으로 말미암아 율법에 대하여 죽임을 당하였으니 이는 다른 이 곧 죽은 자 가운데서 살아나신 이에게 가서 우리로 하나님을 위하여 열매를 맺히게 하려 함이니라 (롬 7:4)

회개치 아니한 대가

회개할 기회는 누구에게나 주어졌다. 고집을 부리면 안된다.

다만 네 고집과 회개치 아니한 마음을 따라 진노의 날 곧 하나님의 의

로우신 판단이 나타나는 그 날에 임할 진노를 네게 쌓는도다 (롬 2:5)

요한계시록의 회개에 관한 기록은 모두 다 회개하지 않은 사람들에 관한 내용이다. 세상의 마지막 심판까지 회개하지 않는 사람들에게 하신 경고이다.

또 내가 그에게 회개할 기회를 주었으되 그 음행을 회개하고자 아니하는도다 (계 2:21)

이 재앙에 죽지 않고 남은 사람들은 그 손으로 행하는 일을 회개치 아니하고 오히려 여러 귀신과 또는 보거나 듣거나 다니거나 하지 못하는 금, 은, 동과 목석의 우상에게 절하고 또 그 살인과 복술과 음행과 도적질을 회개치 아니하더라 (계 9:20, 21)

사람들이 크게 태움에 태워진지라 이 재앙들을 행하는 권세를 가지신 하나님의 이름을 훼방하며 또 회개하여 영광을 주께 돌리지 아니하더라 (계 16:9)

아픈 것과 종기로 인하여 하늘의 하나님을 훼방하고 저희 행위를 회개치 아니하더라 (계 16:11)

그러므로 어디서 떨어진 것을 생각하고 회개하여 처음 행위를 가지라 만일 그리하지 아니하고 회개치 아니하면 내가 네게 임하여 네 촛대를

그 자리에서 옮기리라 (계 2:5)

그러므로 회개하라 그리하지 아니하면 내가 네게 속히 임하여 내 입의 검으로 그들과 싸우리라 (계 2:16)

볼지어다 내가 그를 침상에 던질 터이요 또 그로 더불어 간음하는 자들도 만일 그의 행위를 회개치 아니하면 큰 환난 가운데 던지고 또 내가 사망으로 그의 자녀를 죽이리니 모든 교회가 나는 사람의 뜻과 마음을 살피는 자인 줄 알지라 내가 너희 각 사람의 행위대로 갚아주리라 (계 2:22, 23)

회개하지 않은 대가는 크다.

에필로그

죄는 사람을 과거로 잡아당긴다.
용서는 앞에 있는 밝은 빛이다.
하나님께 지은 죄를 사함 받으면 새 출발이다.

성경은 정밀하다.
사람의 마음을 드러내고 길을 알려준다.
무엇이 가장 중요한지를 알려 준다.

나는 누구인가?
하나님 앞에 죄인이다.
스스로 죄에서 벗어날 수 있는가?
수행으로는 부족하다.

세상의 경험과 지식은 죽음 앞에 무기력하다.
이 세상은 잠깐 보이다가 없어지는 안개와 같다.
현재는 과거와 미래 사이의 아주 짧은 시간이다.
시간은 행실과 함께 과거가 된다.
행실은 마음에서 나오는 생각의 영향을 받은 결과이다.
그 흔적이 양심에 새겨져 있다.

용서 없이 심판 앞에 서면 어두움이다.

하늘나라에 이르는 길은 막연하지 않다.
불확실한 이유는 성경을 읽지 않아서 그렇다.
허탄한 공부도 곤란하다.

> "때가 이르리니 사람이 바른 교훈을 받지 아니하며 귀가 가려워서 자기의 사욕을 쫓을 스승을 많이 두고 또 그 귀를 진리에서 돌이켜 허탄한 이야기를 쫓으리라" (딤후 4:3, 4)

세상의 복을 위한 성경 공부는 방향이 맞지 않는다.
허탄(虛誕, 허망)한 이야기이다.
땅에서 얻는 복을 구한다면 늘 부족함을 느낀다.
앞으로 나아가지 못하고 겉도는 생활을 한다.
죄에서 해방되지 못한 상태로 산다.

> "항상 배우나 마침내 진리의 지식에 이를 수 없느니라" (딤후 3:7)

예수께서 이 땅에 오신 이유는 죄 사함이다.

> "아들을 낳으리니 이름을 예수라 하라 이는 그가 자기 백성을 저희 죄에서 구원할 자이심이라 하니라" (마 1:21)

하나님께서 주시는 복은 영생이다.

> "헐몬의 이슬이 시온의 산들에 내림 같도다 거기서 여호와께서 복을 명하셨나니 곧 영생이로다" (시 133:3)

신약과 구약을 차례대로 차분하게 자세히 읽어야 한다.
성경을 읽는 일은 종교 생활을 위한 의무가 아니다.
교양이나 지식을 위해 읽는 책도 아니다.
하늘나라를 바라는 간절한 마음으로 읽어야 한다.

베뢰아 사람은 바울의 전도를 간절한 마음으로 듣고 날마다 상고했다.

> "베뢰아 사람은 데살로니가에 있는 사람보다 더 신사적이어서 간절한 마음으로 말씀을 받고 이것이 그러한가 하여 날마다 성경을 상고하므로 그 중에 믿는 사람이 많고 또 헬라의 귀부인과 남자가 적지 아니하니" (행 17:11, 12)

'이것이 그러한가 하여 날마다 성경을 상고하므로'의 '상고하다(詳考)'라는 헬라어는 "증거를 위해 샅샅이 살펴보다'라는 단어이다. 베뢰아 사람이 '매일 성경을 자세히 살펴본' 생활을 기록했다. '매일 성경을 꼼꼼하게 읽었다'는 표현도 가능하다.

베뢰아 사람처럼 성경을 읽는 사람은 비가 내리고 바람이 불어도 무너지지 않는 믿음을 갖게 된다. 죄에서 해방된 기쁨을 누리게 된다. 하나님의 약속을 확증하고 늘 위로를 받는다. 결코 돌이키지 않을 후회 없는 날이 시작된다.

확증된 믿음 없이 교인 생활을 하는 것은 선(善)을 가장한 것일 뿐이다.
죄 사함 없이 예수를 논하는 사람도 그렇다.
위선(僞善)이다.

스스로 성경을 읽어야 한다.
성경을 꾸준히 읽는 사람만 살아남을 수 있다.